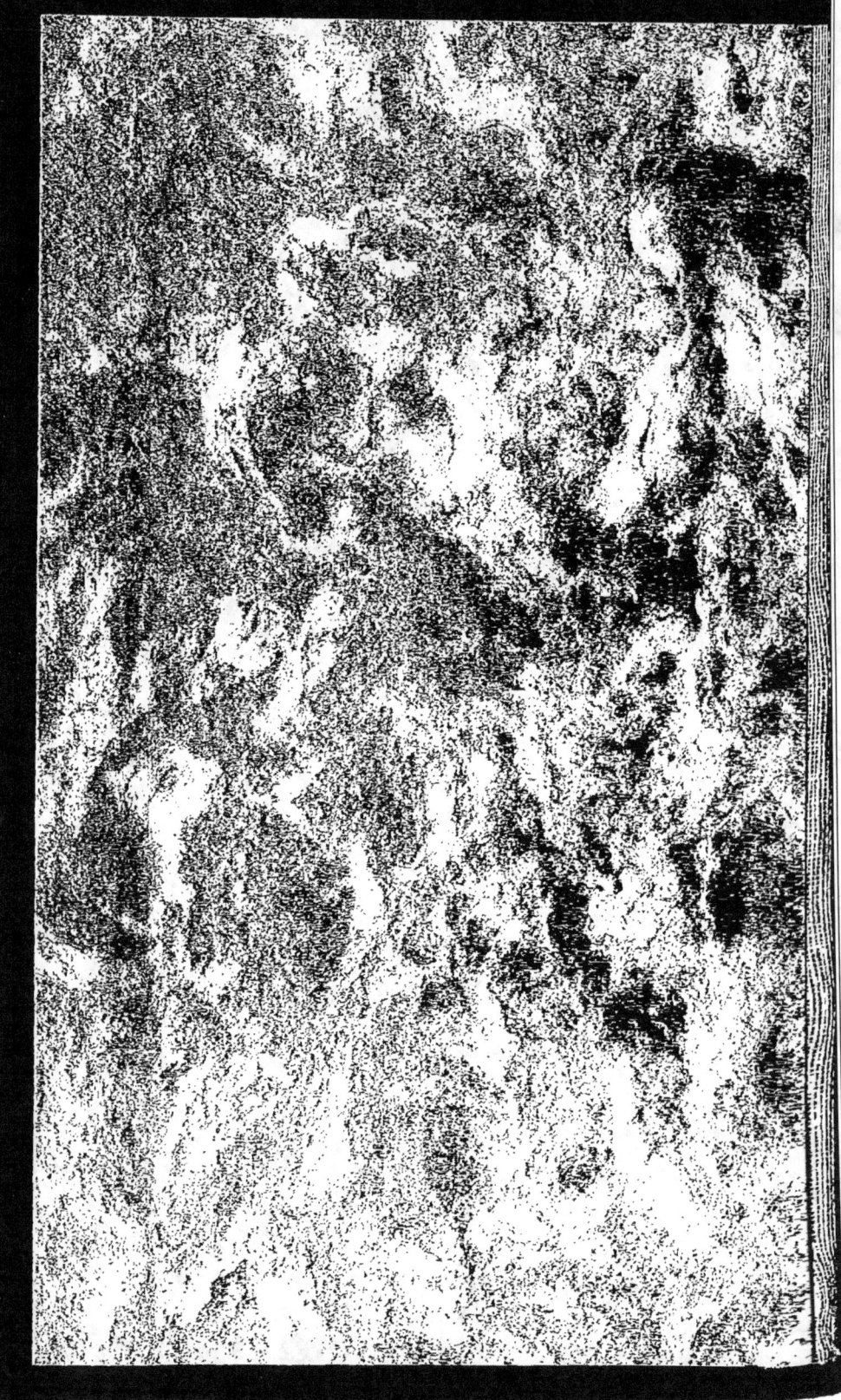

NAÏS MICOULIN

OUVRAGES DU MÊME AUTEUR

DANS LA BIBLIOTHÈQUE CHARPENTIER
à 3 fr. 50 chaque volume.

LES ROUGON-MACQUART
HISTOIRE NATURELLE ET SOCIALE D'UNE FAMILLE SOUS LE SECOND EMPIRE

LA FORTUNE DES ROUGON. 18e mille......................	1 vol.
LA CURÉE. 27e mille...................................	1 vol.
LE VENTRE DE PARIS. 21e mille.........................	1 vol.
LA CONQUÊTE DE PLASSANS. 18e mille....................	1 vol.
LA FAUTE DE L'ABBÉ MOURET. 27e mille..................	1 vol.
SON EXCELLENCE EUGÈNE ROUGON. 21e mille...............	1 vol.
L'ASSOMMOIR. 97e mille................................	1 vol.
UNE PAGE D'AMOUR. 48e mille...........................	1 vol.
NANA. 122e mille......................................	1 vol.
POT-BOUILLE. 65e mille................................	1 vol.
AU BONHEUR DES DAMES. 50e mille.......................	1 vol.

ROMANS ET NOUVELLES

THÉRÈSE RAQUIN. Nouvelle édition.......................	1 vol.
MADELEINE FÉRAT. Nouvelle édition.....................	1 vol.
LA CONFESSION DE CLAUDE. Nouvelle édition.............	1 vol.
CONTES A NINON. Nouvelle édition......................	1 vol.
NOUVEAUX CONTES A NINON. Nouvelle édition.............	1 vol.
LE CAPITAINE BURLE. 8e mille..........................	1 vol.

ŒUVRES CRITIQUES

MES HAINES. 3e mille..................................	1 vol.
LE ROMAN EXPÉRIMENTAL. 6e mille.......................	1 vol.
LES ROMANCIERS NATURALISTES. 3e mille.................	1 vol.
LE NATURALISME AU THÉATRE. 3e mille...................	1 vol.
NOS AUTEURS DRAMATIQUES. 3e mille.....................	1 vol.
DOCUMENTS LITTÉRAIRES. 3e mille.......................	1 vol.
UNE CAMPAGNE, 1880-1881. 3e mille.....................	1 vol.

THÉATRE

THÉRÈSE RAQUIN. — LES HÉRITIERS RABOURDIN. — LE BOUTON DE ROSE. 3e mille...............................	1 vol.

8436-83. — CORBEIL. TYP. ET STÉR. CRÉTÉ.

ÉMILE ZOLA

NAÏS MICOULIN

NANTAS
MORT D'OLIVIER BÉCAILLE
MADAME NEIGEON
LES COQUILLAGES DE M. CHABRE
JACQUES DAMOUR

PARIS

G. CHARPENTIER ET Cie, ÉDITEURS

13, RUE DE GRENELLE, 13

1884

NAÏS MICOULIN

NAÏS MICOULIN

I

A la saison des fruits, une petite fille, brune de peau, avec des cheveux noirs embroussaillés, se présentait chaque mois chez un avoué d'Aix, M. Rostand, tenant une énorme corbeille d'abricots ou de pêches, qu'elle avait peine à porter. Elle restait dans le large vestibule, et toute la famille, prévenue, descendait.

— Ah ! c'est toi, Naïs, disait l'avoué. Tu nous apportes la récolte. Allons, tu es une brave fille... Et le père Micoulin, comment va-t-il ?

— Bien, monsieur, répondait la petite en montrant ses dents blanches.

Alors, madame Rostand la faisait entrer à la cuisine, où elle la questionnait sur les oliviers, les amandiers, les vignes. La grande affaire était de savoir s'il avait plu à l'Estaque, le coin du littoral où les Rostand possédaient leur propriété, la Blancarde, que les Micoulin cultivaient. Il n'y avait là que quelques douzaines d'amandiers et d'oliviers, mais la question de la pluie n'en restait pas moins capitale, dans ce pays qui meurt de sécheresse.

— Il a tombé des gouttes, disait Naïs. Le raisin aurait besoin d'eau.

Puis, lorsqu'elle avait donné les nouvelles, elle mangeait un morceau de pain avec un reste de viande, et elle repartait pour l'Estaque, dans la carriole d'un boucher, qui venait à Aix tous les quinze jours. Souvent, elle apportait des coquillages, une langouste, un beau poisson, le père Micoulin pêchant plus encore qu'il ne labourait. Quand elle arrivait pendant les vacances, Frédéric, le fils de l'avoué, descendait d'un bond dans la cuisine pour lui annoncer que la famille allait bientôt s'installer à la Blancarde, en lui recommandant de tenir prêts ses filets et ses lignes. Il la tutoyait, car il avait joué avec elle tout petit. Depuis l'âge de douze ans seulement, elle l'appelait « monsieur Frédéric », par respect. Chaque fois que le père Micoulin l'entendait dire « tu » au fils de ses maîtres, il la souffletait. Mais cela n'empêchait pas que les deux enfants fussent très bons amis.

— Et n'oublie pas de raccommoder les filets, répétait le collégien.

— N'ayez pas peur, monsieur Frédéric, répondait Naïs. Vous pouvez venir.

M. Rostand était fort riche. Il avait acheté à vil prix un hôtel superbe, rue du Collège. L'hôtel de Coiron, bâti dans les dernières années du dix-septième siècle, développait une façade de douze fenêtres, et contenait assez de pièces pour loger une communauté. Au milieu de ces appartements immenses, la famille composée de cinq personnes, en comptant les deux vieilles domestiques, semblait perdue. L'avoué occupait seulement le premier étage. Pendant dix ans, il avait affiché le rez-de-chaussée et le second, sans trouver de locataires. Alors, il s'était décidé à fermer les portes, à abandonner les deux tiers de l'hôtel aux araignées. L'hôtel, vide et sonore, avait des échos de cathédrale au moindre bruit qui se produisait dans le vestibule, un énorme vestibule avec une cage d'escalier monumentale, où l'on aurait aisément construit une maison moderne.

Au lendemain de son achat, M. Rostand avait coupé en deux par une cloison le grand salon d'honneur, un salon de douze mètres sur huit, que six fenêtres éclairaient. Puis, il avait installé là, dans un compartiment son cabinet, et dans l'autre le cabinet de ses clercs. Le premier étage comptait en outre quatre pièces, dont la plus petite mesurait près de sept mètres sur cinq. Madame Rostand, Frédéric, les deux vieilles bonnes, habitaient des chambres hautes comme des chapelles. L'avoué s'était résigné à faire aménager un ancien boudoir en cuisine, pour rendre le service plus commode ; auparavant, lorsqu'on se servait de la cuisine du rez-de-chaussée, les plats arrivaient complètement froids, après avoir traversé l'humidité glaciale du vestibule et de l'escalier. Et le pis était que cet appartement démesuré se trouvait meublé de la façon la plus sommaire. Dans le cabinet, un ancien meuble vert, en velours d'Utrecht, espaçait son canapé et ses huit fauteuils, style empire, aux bois raides et tristes ; un petit guéridon de la même époque semblait un joujou, au milieu de l'immensité de la pièce ; sur la cheminée, il n'y avait qu'une affreuse pendule de marbre moderne, entre deux vases, tandis que le carrelage, passé au rouge et frotté, luisait d'un éclat dur. Les chambres à coucher étaient encore plus vides. On sentait là le tranquille dédain des familles du Midi, même les plus riches, pour le confort et le luxe, dans cette bienheureuse contrée du soleil où la vie se passe au dehors. Les Rostand n'avaient certainement pas conscience de la mélancolie, du froid mortel qui désolaient ces grandes salles, dont la tristesse de ruines semblait accrue par la rareté et la pauvreté des meubles.

L'avoué était pourtant un homme fort adroit. Son père lui avait laissé une des meilleures études d'Aix, et il trouvait moyen d'augmenter sa clientèle par une activité rare dans ce pays de paresse. Petit, remuant, avec un fin visage de fouine, il s'occupait passionnément de son étude. Le soin de sa fortune le tenait d'ailleurs tout entier, il ne jetait même pas les yeux sur un journal, pendant les rares heures de flânerie qu'il tuait au cercle. Sa femme, au contraire, passait pour une des femmes intelligentes et distinguées de la ville. Elle était née de Villebonne, ce qui lui laissait une auréole de dignité, malgré sa mésalliance. Mais elle montrait un rigorisme si outré, elle pratiquait ses devoirs religieux avec tant d'obstination étroite, qu'elle avait comme séché dans l'existence méthodique qu'elle menait.

Quant à Frédéric, il grandissait entre ce père

si affairé et cette mère si rigide. Pendant ses années de collège, il fut un cancre de la belle espèce, tremblant devant sa mère, mais ayant tant de répugnance pour le travail, que, dans le salon, le soir, il lui arrivait de rester des heures le nez sur ses livres, sans lire une ligne, l'esprit perdu, tandis que ses parents s'imaginaient, à le voir, qu'il étudiait ses leçons. Irrités de sa paresse, ils le mirent pensionnaire au collège ; et il ne travailla pas davantage, moins surveillé qu'à la maison, enchanté de ne plus sentir toujours peser sur lui des yeux sévères. Aussi, alarmés des allures émancipées qu'il prenait, finirent-ils par le retirer, afin de l'avoir de nouveau sous leur férule. Il termina sa seconde et sa rhétorique, gardé de si près, qu'il dut enfin travailler : sa mère examinait ses cahiers, le forçait à répéter ses leçons, se tenait derrière lui à toute heure, comme un gendarme. Grâce à cette surveillance, Frédéric ne fut refusé que deux fois aux examens du baccalauréat.

Aix possède une école de droit renommée, où le fils Rostand prit naturellement ses inscriptions. Dans cette ancienne ville parlementaire, il n'y a guère que des avocats, des notaires et des avoués, groupés là autour de la Cour. On y fait son droit quand même, quitte ensuite à planter tranquillement ses choux. Il continua d'ailleurs sa vie du collège, travaillant le moins possible, tâchant simplement de faire croire qu'il travaillait beaucoup. Madame Rostand, à son grand regret, avait dû lui accorder plus de liberté. Maintenant, il sortait quand il voulait, et n'était tenu qu'à se trouver là aux heures des repas; le soir, il devait rentrer à neuf heures, excepté les jours où on lui permettait le théâtre. Alors, commença pour lui cette vie d'étudiant de province, si monotone, si pleine de vices, lorsqu'elle n'est pas entièrement donnée au travail.

Il faut connaître Aix, la tranquillité de ses rues où l'herbe pousse, le sommeil qui endort la ville entière, pour comprendre quelle existence vide y mènent les étudiants. Ceux qui travaillent ont la ressource de tuer les heures devant leurs livres. Mais ceux qui se refusent à suivre sérieusement les cours n'ont d'autres refuges, pour se désennuyer, que les cafés, où l'on joue, et certaines maisons, où l'on fait pis encore. Le jeune homme se trouva être un joueur passionné; il passait au jeu la plupart de ses soirées, et les achevait ailleurs. Une sensualité de gamin échappé du collège le jetait dans les seules débauches que la ville pouvait offrir, une ville où manquaient les filles libres qui peuplent à Paris le quartier latin. Lorsque ses soirées ne lui suffirent plus, il s'arrangea pour avoir également ses nuits, en volant une clef de la maison. De cette manière, il passa heureusement ses années de droit.

Du reste, Frédéric avait compris qu'il devait se montrer un fils docile. Toute une hypocrisie d'enfant courbé par la peur lui était peu à peu venue. Sa mère, maintenant, se déclarait satisfaite : il la conduisait à la messe, gardait une allure correcte, lui contait tranquillement des mensonges énormes, qu'elle acceptait, devant son air de bonne foi. Et son habileté devint telle, que jamais il ne se laissa surprendre, trouvant toujours une excuse, inventant d'avance des histoires extraordinaires pour se préparer des arguments. Il payait ses dettes de jeu avec de l'argent emprunté à des cousins. Il tenait toute une comptabilité compliquée. Une fois, après un gain inespéré, il réalisa même ce rêve d'aller passer une semaine à Paris, en se faisant inviter par un ami, qui possédait une propriété près de la Durance.

Au demeurant, Frédéric était un beau jeune

homme, grand et de figure régulière, avec une forte barbe noire. Ses vices le rendaient aimable, auprès des femmes surtout. On le citait pour ses bonnes manières. Les personnes qui connaissaient ses farces souriaient un peu ; mais, puisqu'il avait la décence de cacher cette moitié suspecte de sa vie, il fallait encore lui savoir gré de ne pas étaler ses débordements, comme certains étudiants grossiers, qui faisaient le scandale de la ville.

Frédéric allait avoir vingt et un ans. Il devait passer bientôt ses derniers examens. Son père, encore jeune et peu désireux de lui céder tout de suite son étude, parlait de le pousser dans la magistrature debout. Il avait à Paris des amis qu'il ferait agir, pour obtenir une nomination de substitut. Le jeune homme ne disait pas non ; jamais il ne combattait ses parents d'une façon ouverte ; mais il avait un mince sourire qui indiquait son intention arrêtée de continuer l'heureuse flânerie dont il se trouvait si bien. Il savait son père riche, il était fils unique, pourquoi aurait-il pris la moindre peine ? En attendant, il fumait des cigares sur le Cours, allait dans les bastidons voisins faire des parties fines, fréquentait journellement en cachette les maisons louches, ce qui ne l'empêchait pas d'être aux ordres de sa mère et de la combler de prévenances. Quand une noce plus débraillée que les autres lui avait brisé les membres et compromis l'estomac, il rentrait dans le grand hôtel glacial de la rue du Collège, où il se reposait avec délices. Le vide des pièces, le sévère ennui qui tombait des plafonds, lui semblaient avoir une fraîcheur calmante. Il s'y remettait, en faisant croire à sa mère qu'il restait là pour elle, jusqu'au jour où, la santé et l'appétit revenus, il machinait quelque nouvelle escapade. En somme, le meilleur garçon du monde, pourvu qu'on ne touchât point à ses plaisirs.

Naïs, cependant, venait chaque année chez les Rostand, avec ses fruits et ses poissons, et chaque année elle grandissait. Elle avait juste le même âge que Frédéric, trois mois de plus environ. Aussi, madame Rostand lui disait-elle chaque fois :

— Comme tu te fais grande fille, Naïs !

Et Naïs souriait, en montrant ses dents blanches. Le plus souvent, Frédéric n'était pas là. Mais, un jour, la dernière année de son droit, il sortait, lorsqu'il trouva Naïs debout dans le vestibule, avec sa corbeille. Il s'arrêta net d'étonnement. Il ne reconnaissait pas la longue fille mince et déhanchée qu'il avait vue, l'autre saison, à la Blancarde. Naïs était superbe, avec sa tête brune, sous le casque sombre de ses épais cheveux noirs; et elle avait des épaules fortes, une taille ronde, des bras magnifiques dont elle montrait les poignets nus. En une année, elle venait de pousser comme un jeune arbre.

— C'est toi! dit-il d'une voix balbutiante.

— Mais oui, monsieur Frédéric, répondit-elle en le regardant en face, de ses grands yeux où brûlait un feu sombre. J'apporte des oursins... Quand arrivez-vous? Faut-il préparer les filets?

Il la contemplait toujours, il murmura, sans paraître avoir entendu :

— Tu es bien belle, Naïs!... Qu'est-ce que tu as donc?

Ce compliment la fit rire. Puis, comme il lui prenait les mains, ayant l'air de jouer, ainsi qu'ils jouaient ensemble autrefois, elle devint sérieuse, elle le tutoya brusquement, en lui disant tout bas, d'une voix un peu rauque :

— Non, non, pas ici.. Prends garde! voici ta mère.

II

Quinze jours plus tard, la famille Rostand partait pour la Blancarde. L'avoué devait attendre les vacances des tribunaux, et d'ailleurs le mois de septembre était d'un grand charme, au bord de la mer. Les chaleurs finissaient, les nuits avaient une fraîcheur délicieuse.

La Blancarde ne se trouvait pas dans l'Estaque même, un bourg situé à l'extrême banlieue de Marseille, au fond d'un cul-de-sac de rochers, qui ferme le golfe. Elle se dressait au delà du village, sur une falaise ; de toute la baie, on apercevait sa façade jaune, au milieu d'un bouquet de grands pins. C'était une de ces bâtisses carrées, lourdes, percées de fenêtres irrégulières, qu'on appelle des châteaux en Provence. Devant la maison, une large terrasse s'étendait à pic sur une étroite plage de cailloux. Derrière, il y avait un vaste clos, des terres maigres où quelques vignes, des amandiers et des oliviers consentaient seuls à pousser. Mais un des inconvénients, un des dangers de la Blancarde était que la mer ébranlait continuellement la falaise; des infiltrations, provenant de sources voisines, se produisaient dans cette masse amollie de terre glaise et de roches; et il arrivait, à chaque saison, que des blocs énormes se détachaient pour tomber dans l'eau avec un bruit épouvantable. Peu à peu, la propriété s'échancrait. Des pins avaient déjà été engloutis.

Depuis quarante ans, les Micoulin étaient mégers à la Blancarde. Selon l'usage provençal, ils cultivaient le bien et partageaient les récoltes avec le propriétaire. Ces récoltes étant pauvres, ils seraient morts de famine, s'ils n'avaient pas pêché un peu de poisson l'été. Entre un labourage et un ensemencement, ils donnaient un coup de filet. La famille était composée du père Micoulin, un dur vieillard à la face noire et creusée, devant lequel toute la maison tremblait; de la mère Micoulin, une grande femme abêtie par le travail de la terre au plein soleil; d'un fils qui servait pour le moment sur l'*Arrogante*, et de Naïs que son père envoyait travailler dans une fabrique de tuiles, malgré toute la besogne qu'il y avait au logis. L'habitation du méger, une masure collée à l'un des flancs de la Blancarde, s'égayait rarement d'un rire ou d'une chanson. Micoulin gardait un silence de vieux sauvage, enfoncé dans les réflexions de son expérience. Les deux femmes éprouvaient pour lui ce respect terrifié que les filles et les épouses du Midi témoignent au chef de la famille. Et la paix n'était guère troublée que par les appels furieux de la mère, qui se mettait les poings sur les hanches pour enfler son gosier à le rompre, en jetant aux quatre points du ciel le nom de Naïs, dès que sa fille disparaissait. Naïs entendait d'un kilomètre et rentrait, toute pâle de colère contenue.

Elle n'était point heureuse, la belle Naïs, comme on la nommait à l'Estaque. Elle avait seize ans, que Micoulin, pour un oui, pour un non, la frappait au visage, si rudement, que le sang lui partait du nez ; et, maintenant encore, malgré ses vingt ans passés, elle gardait pendant des semaines les épaules bleues des sévérités du père. Celui-ci n'était pas méchant, il usait simplement avec rigueur de sa royauté, voulant être obéi, ayant dans le sang l'ancienne autorité latine, le droit de vie et de mort sur les siens. Un jour, Naïs, rouée de coups, ayant osé lever la main pour se défendre, il avait failli la tuer. La jeune fille, après ces corrections, restait frémissante. Elle s'asseyait par terre, dans un coin noir, et là, les yeux secs, dévorait l'affront. Une rancune sombre la tenait ainsi muette pendant des heures, à rouler des vengeances qu'elle ne pouvait exécuter. C'était le sang même de son père qui se révoltait en elle, un emportement aveugle, un besoin furieux d'être la plus forte. Quand elle voyait sa mère, tremblante et soumise, se faire toute petite devant Micoulin, elle la regardait pleine de mépris. Elle disait souvent : « Si j'avais un mari comme ça, je le tuerais. »

Naïs préférait encore les jours où elle était battue, car ces violences la secouaient. Les autres jours, elle menait une existence si étroite, si enfermée, qu'elle se mourait d'ennui. Son père lui défendait de descendre à l'Estaque, la tenait à la maison dans des occupations continuelles ; et, même lorsqu'elle n'avait rien à faire, il voulait qu'elle restât là, sous ses yeux. Aussi attendait-elle le mois de septembre avec impatience ; dès que les maîtres habitaient la Blancarde, la surveillance de Micoulin se relâchait forcément.

Naïs, qui faisait des courses pour madame Rostand, se dédommageait de son emprisonnement de toute l'année.

Un matin, le père Micoulin avait réfléchi que cette grande fille pouvait lui rapporter trente sous par jour. Alors, il l'émancipa, il l'envoya travailler dans une tuilerie. Bien que le travail y fût très dur, Naïs était enchantée. Elle partait dès le matin, allait de l'autre côté de l'Estaque et restait jusqu'au soir au grand soleil, à retourner des tuiles pour les faire sécher. Ses mains s'usaient à cette corvée de manœuvre, mais elle ne sentait plus son père derrière son dos, elle riait librement avec des garçons. Ce fut là, dans ce labeur si rude, qu'elle se développa et devint une belle fille. Le soleil ardent lui dorait la peau, lui mettait au cou une large collerette d'ambre ; ses cheveux noirs poussaient, s'entassaient, comme pour la garantir de leurs mèches volantes ; son corps, continuellement penché et balancé dans le va-et-vient de sa besogne, prenait une vigueur souple de jeune guerrière. Lorsqu'elle se relevait, sur le terrain battu, au milieu de ces argiles rouges, elle ressemblait à une amazone antique, à quelque terre cuite puissante, tout à coup animée par la pluie de flammes qui tombait du ciel. Aussi Micoulin la couvait-il de ses petits yeux, en la voyant embellir. Elle riait trop, cela ne lui paraissait pas naturel qu'une fille fût si gaie. Et il se promettait d'étrangler les amoureux, s'il en découvrait jamais autour de ses jupes.

Des amoureux, Naïs en aurait eu des douzaines, mais elle les décourageait. Elle se moquait de tous les garçons. Son seul bon ami était un bossu, occupé à la même tuilerie qu'elle, un petit homme nommé Toine, que la Maison des enfants trouvés d'Aix avait envoyé à l'Estaque, et qui était resté là, adopté par le pays. Il riait d'un joli rire, ce bossu, avec son profil de polichinelle. Naïs le tolérait pour sa douceur. Elle faisait de lui ce qu'elle voulait, le rudoyait souvent, lorsqu'elle avait à se venger sur quelqu'un d'une violence de son père. Du reste, cela ne tirait pas à conséquence. Dans le pays, on riait de Toine. Micoulin avait dit : « Je lui permets le bossu, je la connais, elle est trop fière ! »

Cette année-là, quand madame Rostand fut installée à la Blancarde, elle demanda au méger de lui prêter Naïs, une de ses bonnes étant malade. Justement, la tuilerie chômait. D'ailleurs, Micoulin, si dur pour les siens, se montrait politique à l'égard des maîtres ; il n'aurait pas refusé sa fille, même si la demande l'eût contrarié. M. Rostand avait dû se rendre à Paris, pour des affaires graves, et Frédéric se trouvait à la campagne seul avec sa mère. Les premiers jours, d'habitude, le jeune homme était pris d'un grand besoin d'exercice, grisé par l'air, allant en compagnie de Micoulin jeter ou retirer les filets, faisant de longues promenades au fond des gorges qui viennent déboucher à l'Estaque. Puis, cette belle ardeur se calmait, il restait allongé des journées entières sous les pins, au bord de la terrasse, dormant à moitié, regardant la mer, dont le bleu monotone finissait par lui causer un ennui mortel. Au bout de quinze jours, généralement, le séjour de la Blancarde l'assommait. Alors, il inventait chaque matin un prétexte pour filer à Marseille.

Le lendemain de l'arrivée des maîtres, Micoulin, au lever du soleil, appela Frédéric. Il s'agissait d'aller lever des jambins, de longs paniers à étroite ouverture de souricière, dans lesquels les poissons de fond se prennent. Mais le jeune homme fit la sourde oreille. La pêche ne paraissait pas le tenter. Quand il fut levé, il s'installa sous les pins, étendu sur le dos, les regards perdus au ciel. Sa mère fut toute surprise de ne pas le voir partir pour une de ces grandes courses dont il revenait affamé.

— Tu ne sors pas ? demanda-t-elle.

— Non, mère, répondit-il. Puisque papa n'est pas là, je reste avec vous.

Le méger, qui entendit cette réponse, murmura en patois :

— Allons, monsieur Frédéric ne va pas tarder à partir pour Marseille.

Frédéric, pourtant, n'alla pas à Marseille. La semaine s'écoula, il était toujours allongé, changeant simplement de place, quand le soleil le gagnait. Par contenance, il avait pris un livre ; seulement, il ne lisait guère ; le livre, le plus souvent, traînait parmi les aiguilles de pins, séchées sur la terre dure. Le jeune homme ne regardait même pas la mer ; la face tournée vers la maison, il semblait s'intéresser au service, guetter les bonnes qui allaient et venaient, traversant la terrasse à toutes minutes ; et quand c'était Naïs qui passait, de courtes flammes s'allumaient dans ses yeux de jeune maître sensuel. Alors, Naïs ralentissait le pas, s'éloignait avec le balancement rythmé de sa taille, sans jamais jeter un regard sur lui.

Pendant plusieurs jours, ce jeu dura. Devant

sa mère, Frédéric traitait Naïs presque durement, en servante maladroite. La jeune fille grondée baissait les yeux, avec une sournoiserie heureuse, comme pour jouir de ces fâcheries.

Un matin, au déjeuner, Naïs cassa un saladier. Frédéric s'emporta.

— Est-elle sotte! cria-t-il. Où a-t-elle la tête?

Et il se leva furieux, en ajoutant que son pantalon était perdu. Une goutte d'huile l'avait taché au genou. Mais il en faisait une affaire.

— Quand tu me regarderas! Donne-moi une serviette et de l'eau... Aide-moi.

Naïs trempa le coin d'une serviette dans une tasse, puis se mit à genoux devant Frédéric, pour frotter la tache.

— Laisse, répétait madame Rostand. C'est comme si tu ne faisais rien.

Mais la jeune fille ne lâchait point la jambe de son maître, qu'elle continuait à frotter de toute la force de ses beaux bras. Lui, grondait toujours des paroles sévères.

— Jamais on n'a vu une pareille maladresse... Elle l'aurait fait exprès que ce saladier ne serait pas venu se casser plus près de moi... Ah bien! si elle nous servait à Aix, notre porcelaine serait vite en pièces!

Ces reproches étaient si peu proportionnés à la faute, que madame Rostand crut devoir calmer son fils, lorsque Naïs ne fut plus là.

— Qu'as-tu donc contre cette pauvre fille ? On dirait que tu ne peux la souffrir... Je te prie d'être plus doux pour elle. C'est une ancienne camarade de jeu, et elle n'a pas ici la situation d'une servante ordinaire.

— Eh ! elle m'ennuie ! répondit Frédéric, en affectant un air de brutalité.

Le soir même, à la nuit tombée, Naïs et Frédéric se rencontrèrent dans l'ombre, au bout de la terrasse. Ils ne s'étaient point encore parlé seul à seule. On ne pouvait les entendre de la maison. Les pins secouaient dans l'air mort une chaude senteur résineuse. Alors, elle, à voix basse, demanda, en retrouvant le tutoiement de leur enfance :

— Pourquoi m'as-tu grondée, Frédéric ?... Tu es bien méchant.

Sans répondre, il lui prit les mains, il l'attira contre sa poitrine, la baisa aux lèvres. Elle le laissa faire, et s'en alla ensuite, pendant qu'il s'asseyait sur le parapet, pour ne point paraître devant sa mère tout secoué d'émotion. Dix minutes plus tard, elle servait à table, avec son grand calme un peu fier.

Frédéric et Naïs ne se donnèrent pas de rendez-vous. Ce fut une nuit qu'ils se retrouvèrent sous un olivier, au bord de la falaise. Pendant le repas, leurs yeux s'étaient plusieurs fois rencontrés avec une fixité ardente. La nuit était très chaude, Frédéric fuma des cigarettes à sa fenêtre jusqu'à une heure, interrogeant l'ombre. Vers une heure, il aperçut une forme vague qui se glissait le long de la terrasse. Alors, il n'hésita plus. Il descendit sur le toit d'un hangar, d'où il sauta ensuite à terre, en s'aidant de longues perches, posées là, dans un angle ; de cette façon, il ne craignait pas de réveiller sa mère. Puis, quand il fut en bas, il marcha droit à un vieil olivier, certain que Naïs l'attendait.

— Tu es là ? demanda-t-il à demi-voix.

— Oui, répondit-elle simplement.

Et il s'assit près d'elle, dans le chaume ; il la prit à la taille, tandis qu'elle appuyait la tête sur son épaule. Un instant, ils restèrent sans parler. Le vieil olivier, au bois noueux, les couvrait de son toit de feuilles grises. En face, la mer s'étendait, noire, immobile sous les étoiles. Marseille, au fond du golfe, était caché par une brume ; à gauche, seul le phare tournant de Planier revenait toutes les minutes, trouant les ténèbres d'un rayon jaune, qui s'éteignait brusquement; et rien n'était plus doux ni plus tendre que cette lumière, sans cesse perdue à l'horizon, et sans cesse retrouvée.

— Ton père est donc absent? reprit Frédéric.

— J'ai sauté par la fenêtre, dit-elle de sa voix grave.

Ils ne parlèrent point de leur amour. Cet amour venait de loin, du fond de leur enfance. Maintenant, ils se rappelaient des jeux où le désir perçait déjà dans l'enfantillage. Cela leur semblait naturel, de glisser à des caresses. Ils n'auraient su que se dire, ils avaient l'unique besoin d'être l'un à l'autre. Lui, la trouvait belle, excitante avec son hâle et son odeur de terre, et elle, goûtait un orgueil de fille battue, à devenir la maîtresse du jeune maître. Elle s'abandonna. Le jour allait paraître, quand tous deux rentrèrent dans leurs chambres par le chemin qu'ils avaient pris pour en sortir.

III

Quel mois adorable ! Il ne plut pas un seul jour. Le ciel, toujours bleu, développait un satin que pas un nuage ne venait tacher. Le soleil se levait dans un cristal rose et se couchait dans une poussière d'or. Pourtant, il ne faisait point trop chaud, la brise de mer montait avec le soleil et s'en allait avec lui ; puis, les nuits avaient une fraîcheur délicieuse, tout embaumée des plantes aromatiques chauffées pendant le jour, fumant dans l'ombre.

Le pays est superbe. Des deux côtés du golfe, des bras de rochers s'avancent, tandis que les îles, au large, semblent barrer l'horizon ; et la mer n'est plus qu'un vaste bassin, un lac d'un bleu intense par les beaux temps. Au pied des montagnes, au fond, Marseille étage ses maisons sur des collines basses; quand l'air est limpide, on aperçoit, de l'Estaque, la jetée grise de la Joliette, avec les fines mâtures des vaisseaux, dans le port; puis, derrière, des façades se montrent au milieu de massifs d'arbres, la chapelle de Notre-Dame-de-la-Garde blanchit sur une hauteur, en plein ciel. Et la côte part de Marseille, s'arrondit, se creuse en larges échancrures avant d'arriver à l'Estaque, bordée d'usines qui lâchent, par moments, de hauts panaches de fumée. Lorsque le soleil tombe d'aplomb, la mer, presque noire, est comme endormie entre les deux promontoires de rochers, dont la blancheur se chauffe de jaune et de brun. Les pins tachent de vert sombre les terres rougeâtres. C'est un vaste tableau, un coin entrevu de l'Orient, s'enlevant dans la vibration aveuglante du jour.

Mais l'Estaque n'a pas seulement cette échappée sur la mer. Le village, adossé aux montagnes, est traversé par des routes qui vont se perdre au milieu d'un chaos de roches foudroyées. Le chemin de fer de Marseille à Lyon court parmi les grands blocs, traverse des ravins sur des ponts, s'enfonce brusquement sous le roc lui-même, et y reste pendant une lieue et demie, dans ce tunnel de la Nerte, le plus long de France. Rien n'égale la majesté sauvage de ces gorges qui se creusent entre les collines, chemins étroits serpentant au fond d'un gouffre, flancs arides plantés de pins, dressant des murailles aux colorations de rouille et de sang. Parfois, les défilés s'élargissent, un champ maigre d'oliviers occupe le creux d'un vallon, une maison perdue montre sa façade peinte, aux volets fermés. Puis, ce sont encore des sentiers pleins de ronces, des fourrés impénétrables, des éboulements de cailloux, des torrents desséchés, toutes les surprises d'une marche dans un désert. En haut, au-dessus de la bordure noire des pins, le ciel met la bande continue de sa fine soie bleue.

Et il y a aussi l'étroit littoral entre les rochers et la mer, des terres rouges où les tuileries, la grande industrie de la contrée, ont creusé d'immenses trous, pour extraire l'argile. C'est un sol crevassé, bouleversé, à peine planté de quelques arbres chétifs, et dont une haleine d'ardente passion semble avoir séché les sources. Sur les chemins, on croirait marcher dans un lit de plâtre, on enfonce jusqu'aux chevilles; et, aux moindres souffles de vent, de grandes poussières volantes poudrent les haies. Le long des murailles, qui jettent des réverbérations de four, de petits lézards gris dorment, tandis que, du brasier des herbes roussies, des nuées de sauterelles s'envolent, avec un crépitement d'étincelles. Dans l'air immobile et lourd, dans la somnolence de midi, il n'y a d'autre vie que le chant monotone des cigales.

Ce fut au travers de cette contrée de flammes que Naïs et Frédéric s'aimèrent pendant un mois. Il semblait que tout ce feu du ciel était passé dans leur sang. Les huit premiers jours, ils se contentèrent de se retrouver la nuit, sous le même olivier, au bord de la falaise. Ils y goûtaient des joies exquises. La nuit fraîche calmait leur fièvre, ils tendaient parfois leurs visages et leurs mains brûlantes aux haleines qui passaient, pour les rafraîchir comme dans une source froide. La mer, à leurs pieds, au bas des roches, avait une plainte voluptueuse et lente. Une odeur pénétrante d'herbes marines les grisait de désirs. Puis, aux bras l'un de l'autre, las d'une fatigue heureuse, ils regardaient, de l'autre côté des eaux, le flamboiement nocturne de Marseille, les feux rouges de l'entrée du port jetant dans la mer des reflets sanglants, les étincelles du gaz dessinant, à droite et à gauche, les courbes allongées des faubourgs ; au milieu, sur la ville, c'était un pétillement de lueurs vives, tandis que le jardin de la colline Bonaparte était nettement indiqué par deux rampes de clartés, qui tournaient au bord du ciel. Toutes ces lumières, au delà du golfe endormi, semblaient éclairer quelque ville du rêve, que l'aurore devait emporter. Et le ciel, élargi au-dessus du chaos noir de l'horizon, était pour eux un grand charme, un charme qui les inquiétait et les faisait se serrer davantage. Une pluie d'étoiles tombait. Les constellations, dans ces nuits claires de la Provence, avaient des flammes vivantes. Frémissant sous ces vastes espaces, ils baissaient la tête, ils ne s'intéressaient plus qu'à l'étoile solitaire du phare de Planier, dont la lueur dansante les attendrissait, pendant que leurs lèvres se cherchaient encore.

Mais, une nuit, ils trouvèrent une large lune à l'horizon, dont la face jaune les regardait. Dans la mer, une traînée de feu luisait, comme si un poisson gigantesque, quelque anguille des grands fonds, eût fait glisser les anneaux sans fin de ses écailles d'or ; et un demi-jour éteignait les clartés de Marseille, baignait les collines et les échancrures du golfe. A mesure que la lune montait, le jour grandissait, les ombres devenaient plus nettes. Dès lors, ce témoin les gêna. Ils eurent peur d'être surpris, en restant si près de la Blancarde. Au rendez-vous suivant, ils sortirent du clos par un coin de mur écroulé, ils promenèrent leurs amours dans tous les abris que le pays offrait. D'abord, ils se réfugièrent au fond d'une tuilerie abandonnée : le hangar ruiné y surmontait une cave, dans laquelle les deux bouches du four s'ouvraient encore. Mais ce trou les attristait, ils préféraient sentir sur leurs têtes le ciel libre. Ils coururent les carrières d'argile rouge, ils découvrirent des cachettes délicieuses, de véritables déserts de quelques mètres carrés, d'où ils entendaient seulement les aboiements des chiens qui gardaient les bastides. Ils allèrent plus loin, se perdirent en promenades le long de la côte rocheuse, du côté de Niolon, suivirent aussi les chemins étroits des gorges, cherchèrent les grottes, les crevasses lointaines. Ce fut, pendant quinze jours, des nuits pleines de jeux et de tendresses. La lune avait disparu, le ciel était redevenu noir ; mais, maintenant, il leur semblait que la Blancarde était trop petite pour les contenir, ils avaient le besoin de se posséder dans toute la largeur de la terre.

Une nuit, comme ils suivaient un chemin au-dessus de l'Estaque, pour gagner les gorges de la Nerte, ils crurent entendre un pas étouffé qui les accompagnait, derrière un petit bois de pins, planté au bord de la route. Ils s'arrêtèrent, pris d'inquiétude.

— Entends-tu? demanda Frédéric.

— Oui, quelque chien perdu, murmura Naïs.

Et ils continuèrent leur marche. Mais, au premier coude du chemin, comme le petit bois cessait, ils virent distinctement une masse noire se glisser derrière les rochers. C'était, à coup sûr, un être humain, bizarre et comme bossu. Naïs eut une légère exclamation.

— Attends-moi, dit-elle rapidement.

Elle s'élança à la poursuite de l'ombre. Bientôt, Frédéric entendit un chuchotement rapide. Puis elle revint, tranquille, un peu pâle.

— Qu'est-ce donc? demanda-t-il.

— Rien, dit-elle.

Après un silence, elle reprit :

— Si tu entends marcher, n'aie pas peur. C'est Toine, tu sais? le bossu. Il veut veiller sur nous.

En effet, Frédéric sentait parfois dans l'ombre quelqu'un qui les suivait. Il y avait comme une protection autour d'eux. A plusieurs reprises, Naïs avait voulu chasser Toine; mais le pauvre être ne demandait qu'à être son chien : on ne le verrait pas, on ne l'entendrait pas, pourquoi ne point lui permettre d'agir à sa guise? Dès lors, si les amants eussent écouté, quand ils se baisaient à pleine bouche dans les tuileries en ruines, au milieu des carrières désertes, au fond des gorges perdues, ils auraient surpris derrière eux des bruits étouffés de sanglots. C'était Toine, leur chien de garde, qui pleurait dans ses poings tordus.

Et ils n'avaient pas que les nuits. Maintenant, ils s'enhardissaient, ils profitaient de toutes les occasions. Souvent, dans un corridor de la Blancarde, dans une pièce où ils se rencontraient, ils échangeaient un long baiser. Même à table, lorsqu'elle servait et qu'il demandait du pain ou une assiette, il trouvait le moyen de lui serrer les doigts. La rigide madame Rostand, qui ne voyait rien, accusait toujours son fils d'être trop sévère pour son ancienne camarade. Un jour, elle faillit les surprendre ; mais la jeune fille, ayant entendu le petit bruit de sa robe, se baissa vivement et se mit à essuyer avec son mouchoir les pieds du jeune maître, blancs de poussière.

Naïs et Frédéric goûtaient encore mille petites joies. Souvent, après le dîner, quand la soirée était fraîche, madame Rostand voulait faire une promenade. Elle prenait le bras de son fils, elle descendait à l'Estaque, en chargeant Naïs de porter son châle, par précaution. Tous trois allaient ainsi voir l'arrivée des pêcheurs de sardines. En mer, des lanternes dansaient, on distinguait bientôt les masses noires des barques, qui abordaient avec le sourd battement des rames. Les jours de grande pêche, des voix joyeuses s'élevaient, des femmes accouraient, chargées de paniers; et les trois hommes qui montaient chaque barque se mettaient à dévider le filet, laissé en tas sous les bancs. C'était comme un large ruban sombre, tout pailleté de lames d'argent; les sardines, pendues par les ouïes aux fils des mailles, s'agitaient encore, jetaient des reflets de métal; puis, elles tombaient dans les paniers, ainsi qu'une pluie d'écus, à la lumière pâle des lanternes. Souvent, madame Rostand restait devant une barque, amusée par ce spectacle; elle avait lâché le bras de son fils, elle causait avec les pêcheurs, tandis que Frédéric, près de Naïs, en dehors du rayon de la lanterne, lui serrait les poignets à les briser.

Cependant, le père Micoulin gardait son silence de bête expérimentée et têtue. Il allait en

ier, revenait donner un coup de bêche, de sa
ême allure sournoise. Mais ses petits yeux gris
vaient depuis quelque temps une inquiétude.
l jetait sur Naïs des regards obliques, sans rien
ire. Elle lui semblait changée, il flairait en elle
es choses qu'il ne s'expliquait pas. Un jour, elle
sa lui tenir tête. Micoulin lui allongea un tel
oufflet qu'il lui fendit la lèvre.

Le soir, quand Frédéric sentit sous un baiser la
ouche de Naïs enflée, il l'interrogea vivement.

— Ce n'est rien, un soufflet que mon père m'a
onné, dit-elle.

Sa voix s'était assombrie. Comme le jeune
omme se fâchait et déclarait qu'il mettrait or-
re à cela :

— Non, laisse, reprit-elle, c'est mon affaire....
h ! ça finira !

Elle ne lui parlait jamais des gifles qu'elle re-
vait. Seulement, les jours où son père l'avait
attue, elle se pendait au cou de son amant
ec plus d'ardeur, comme pour se venger du
eux.

Depuis trois semaines, Naïs sortait presque cha-
e nuit. D'abord elle avait pris de grandes pré-
utions, puis une audace froide lui était venue,
t elle osait tout. Quand elle comprit que son père

se doutait de quelque chose, elle redevint prudente. Elle manqua deux rendez-vous. Sa mère lui avait dit que Micoulin ne dormait plus la nuit : il se levait, allait d'une pièce dans une autre. Mais, devant les regards suppliants de Frédéric, le troisième jour, Naïs oublia de nouveau toute prudence. Elle descendit vers onze heures, en se promettant de ne point rester plus d'une heure dehors ; et elle espérait que son père, dans le premier sommeil, ne l'entendrait pas.

Frédéric l'attendait sous les oliviers. Sans parler de ses craintes, elle refusa d'aller plus loin. Elle se sentait trop lasse, disait-elle, ce qui était vrai, car elle ne pouvait, comme lui, dormir pendant le jour. Ils se couchèrent à leur place habituelle, au-dessus de la mer, devant Marseille allumé. Le phare de Planier luisait. Naïs, en le regardant, s'endormit sur l'épaule de Frédéric. Celui-ci ne remua plus ; et peu à peu il céda lui-même à la fatigue, ses yeux se fermèrent. Tous deux, aux bras l'un de l'autre, mêlaient leurs haleines.

Aucun bruit, on n'entendait que la chanson aigre des sauterelles vertes. La mer dormait comme les amants. Alors, une forme noire sortit de l'ombre et s'approcha. C'était Micoulin, qui, réveillé par le craquement d'une fenêtre, n'avait pas trouvé Naïs dans sa chambre. Il était sorti, en emportant une petite hachette, à tout hasard. Quand il aperçut une tache sombre sous l'olivier, il serra le manche de la hachette. Mais les enfants ne bougeaient point, il put arriver jusqu'à eux, se baisser, les regarder au visage. Un léger cri lui échappa, il venait de reconnaître le jeune maître. Non, non, il ne pouvait le tuer ainsi : le sang répandu sur le sol, qui en garderait la trace, lui coûterait trop cher. Il se releva, deux plis de décision farouche coupaient sa face de vieux cuir, raidie de rage contenue. Un paysan n'assassine pas son maître ouvertement, car le maître, même enterré, est toujours le plus fort. Et le père Micoulin hocha la tête, s'en alla à pas de loup, en laissant les deux amoureux dormir.

Quand Naïs rentra, un peu avant le jour, très inquiète de sa longue absence, elle trouva sa fenêtre telle qu'elle l'avait laissée. Au déjeuner, Micoulin la regarda tranquillement manger son morceau de pain. Elle se rassura, son père ne devait rien savoir.

IV

— Monsieur Frédéric, vous ne venez donc plus en mer? demanda un soir le père Micoulin.

Madame Rostand, assise sur la terrasse, à l'ombre des pins, brodait un mouchoir, tandis que son fils, couché près d'elle, s'amusait à jeter des petits cailloux.

— Ma foi, non! répondit le jeune homme. Je deviens paresseux.

— Vous avez tort, reprit le méger. Hier, les jambins étaient pleins de poissons. On prend ce qu'on veut, en ce moment... Cela vous amuserait. Accompagnez-moi demain matin.

Il avait l'air si bonhomme, que Frédéric, qui songeait à Naïs et ne voulait pas le contrarier, finit par dire :

— Mon Dieu! je veux bien... Seulement, il

faudra me réveiller. Je vous préviens qu'à cinq heures je dors comme une souche.

Madame Rostand avait cessé de broder, légèrement inquiète.

— Et surtout soyez prudents, murmura-t-elle. Je tremble toujours, lorsque vous êtes en mer.

Le lendemain matin, Micoulin eut beau appeler monsieur Frédéric, la fenêtre du jeune homme resta fermée. Alors, il dit à sa fille, d'une voix dont elle ne remarqua pas l'ironie sauvage :

— Monte, toi... Il t'entendra peut-être.

Ce fut Naïs qui, ce matin-là, réveilla Frédéric. Encore tout ensommeillé, il l'attirait dans la chaleur du lit ; mais elle lui rendit vivement son baiser et s'échappa. Dix minutes plus tard, le jeune homme parut, tout habillé de toile grise. Le père Micoulin l'attendait patiemment, assis sur le parapet de la terrasse.

— Il fait déjà frais, vous devriez prendre un foulard, dit-il.

Naïs remonta chercher un foulard. Puis, les deux hommes descendirent l'escalier, aux marches raides, qui conduisait à la mer, pendant que la jeune fille, debout, les suivait des yeux. En bas, le père Micoulin leva la tête, regarda Naïs ;

et deux grands plis se creusaient aux coins de sa bouche.

Depuis cinq jours, le terrible vent du nord-ouest, le mistral, soufflait. La veille, il était tombé vers le soir. Mais, au lever du soleil, il avait repris, faiblement d'abord. La mer, à cette heure matinale, houleuse sous les haleines brusques qui la fouettaient, se moirait de bleu sombre ; et, éclairée de biais par les premiers rayons, elle roulait de petites flammes à la crête de chaque vague. Le ciel était presque blanc, d'une limpidité cristalline. Marseille, dans le fond, avait une netteté de détails qui permettait de compter les fenêtres sur les façades des maisons ; tandis que les rochers du golfe s'allumaient de teintes roses, d'une extrême délicatesse.

— Nous allons être secoués pour revenir, dit Frédéric.

— Peut-être, répondit simplement Micoulin.

Il ramait en silence, sans tourner la tête. Le jeune homme avait un instant regardé son dos rond, en pensant à Naïs ; il ne voyait du vieux que la nuque brûlée de hâle, et deux bouts d'oreilles rouges, où pendaient des anneaux d'or. Puis, il s'était penché, s'intéressant aux profondeurs marines qui fuyaient sous la barque. L'eau se troublait, seules de grandes herbes vagues flottaient comme des cheveux de noyé. Cela l'attrista, l'effraya même un peu.

— Dites donc, père Micoulin, reprit-il après un long silence, voilà le vent qui prend de la force. Soyez prudent... Vous savez que je nage comme un cheval de plomb.

— Oui, oui, je sais, dit le vieux de sa voix sèche.

Et il ramait toujours, d'un mouvement mécanique. La barque commençait à danser, les petites flammes, aux crêtes des vagues, étaient devenues des flots d'écume qui volaient sous les coups de vent. Frédéric ne voulait pas montrer sa peur, mais il était médiocrement rassuré, il eût donné beaucoup pour se rapprocher de la terre. Il s'impatienta, il cria :

— Où diable avez-vous fourré vos jambins, aujourd'hui?... Est-ce que nous allons à Alger?

Mais le père Micoulin répondit de nouveau, sans se presser :

— Nous arrivons, nous arrivons.

Tout d'un coup, il lâcha les rames, il se dressa dans la barque, chercha du regard, sur la côte, les deux points de repère ; et il dut ramer cinq minutes encore, avant d'arriver au milieu des bouées de liège, qui marquaient la place des jambins. Là, au moment de retirer les paniers, il resta quelques secondes tourné vers la Blancarde. Frédéric, en suivant la direction de ses yeux, vit distinctement, sous les pins, une tache blanche. C'était Naïs, toujours accoudée à la terrasse, et dont on apercevait la robe claire.

— Combien avez-vous de jambins? demanda Frédéric.

— Trente-cinq... Il ne faut pas flâner.

Il saisit la bouée la plus voisine, il tira le premier panier. La profondeur était énorme, la corde n'en finissait plus. Enfin, le panier parut, avec la grosse pierre qui le maintenait au fond; et, dès qu'il fut hors de l'eau, trois poissons se mirent à sauter comme des oiseaux dans une cage. On aurait cru entendre un bruit d'ailes. Dans le second panier, il n'y avait rien. Mais, dans le troisième, se trouvait, par une rencontre assez rare, une petite langouste qui donnait de violents coups de queue. Dès lors, Frédéric se passionna, oubliant ses craintes, se penchant au bord de la barque, attendant les paniers avec un battement de cœur. Quand il entendait le bruit d'ailes, il éprouvait une émotion pareille à celle du chasseur qui vient d'abattre une pièce de gibier. Un à un, cependant, tous les paniers rentraient dans la barque; l'eau ruisselait, bientôt les trente-cinq y furent. Il y avait au moins quinze livres de poisson, ce qui est une pêche superbe pour la baie de Marseille, que plusieurs causes, et surtout l'emploi de filets à mailles trop petites, dépeuplent depuis de longues années.

— Voilà qui est fini, dit Micoulin. Maintenant, nous pouvons retourner.

Il avait rangé ses paniers à l'arrière, soigneusement. Mais, quand Frédéric le vit préparer la voile, il s'inquiéta de nouveau, il dit qu'il serait plus sage de revenir à la rame, par un vent pareil. Le vieux haussa les épaules. Il savait ce qu'il faisait. Et, avant de hisser la voile, il jeta un dernier regard du côté de la Blancarde. Naïs était encore là, avec sa robe claire.

Alors, la catastrophe fut soudaine, comme un coup de foudre. Plus tard, lorsque Frédéric voulut s'expliquer les choses, il se souvint que, brusquement, un souffle s'était abattu dans la voile, puis que tout avait culbuté. Et il ne se rappelait rien autre, un grand froid seulement, avec une profonde angoisse. Il devait la vie à un miracle : il était tombé sur la voile, dont l'ampleur l'avait soutenu. Des pêcheurs, ayant vu l'accident, accoururent et le recueillirent, ainsi que le père Micoulin, qui nageait déjà vers la côte.

Madame Rostand dormait encore. On lui cacha le danger que son fils venait de courir. Au bas de la terrasse, Frédéric et le père Micoulin, ruisselant d'eau, trouvèrent Naïs qui avait suivi le drame.

— Coquin de sort! criait le vieux. Nous avions ramassé les paniers, nous allions rentrer... C'est pas de chance.

Naïs, très pâle, regardait fixement son père.

— Oui, oui, murmura-t-elle, c'est pas de chance... Mais quand on vire contre le vent, on est sûr de son affaire.

Micoulin s'emporta.

— Fainéante, qu'est-ce que tu fiches?... Tu vois bien que monsieur Frédéric grelotte... Allons, aide-le à rentrer.

Le jeune homme en fut quitte pour passer la journée dans son lit. Il parla d'une migraine à sa mère. Le lendemain, il trouva Naïs très sombre. Elle refusait les rendez-vous; et, le rencontrant un soir dans le vestibule, elle le prit d'elle-même entre ses bras, elle le baisa avec passion. Jamais elle ne lui confia les soupçons qu'elle avait conçus. Seulement, à partir de ce jour, elle veilla sur lui. Puis, au bout d'une semaine, des doutes lui vinrent. Son père allait et venait comme d'habitude ; même il semblait plus doux, il la battait moins souvent.

Chaque saison, une des parties des Rostand était d'aller manger une bouillabaisse au bord de la mer, du côté de Niolon, dans un creux de rochers. Ensuite, comme il y avait des perdreaux dans les collines, les messieurs tiraient quelques coups de fusil. Cette année-là, madame Rostand voulut emmener Naïs, qui les servirait ; et elle n'écouta pas les observations du méger, dont une contrariété vive ridait la face de vieux sauvage.

On partit de bonne heure. La matinée était d'une douceur charmante. Unie comme une glace sous le blond soleil, la mer déroulait une nappe bleue ; aux endroits où passaient des courants, elle frisait, le bleu se fonçait d'une pointe de laque violette, tandis qu'aux endroits morts, le bleu pâlissait, prenait une transparence laiteuse ; et l'on eût dit, jusqu'à l'horizon limpide, une immense pièce de satin déployée, aux couleurs changeantes. Sur ce lac endormi, la barque glissait mollement.

L'étroite plage où l'on aborda se trouvait à l'entrée d'une gorge, et l'on s'installa au milieu des pierres, sur une bande de gazon brûlé, qui devait servir de table.

C'était toute une histoire que cette bouillabaisse en plein air. D'abord, Micoulin rentra dans la barque et alla seul retirer ses jambins, qu'il avait placés la veille. Quand il revint, Naïs avait arraché des thyms, des lavandes, un tas de buissons secs suffisant pour allumer un grand feu. Le vieux, ce jour-là, devait faire la bouillabaisse, la soupe au poisson classique, dont les pêcheurs du littoral se transmettent la recette de père en fils. C'était une bouillabaisse terrible, fortement poivrée, terriblement parfumée d'ail écrasé. Les Rostand s'amusaient beaucoup de la confection de cette soupe.

— Père Micoulin, dit madame Rostand qui daignait plaisanter en cette circonstance, allez-vous la réussir aussi bien que l'année dernière?

Micoulin semblait très gai. Il nettoya d'abord le poisson dans de l'eau de mer, pendant que Naïs sortait de la barque une grande poêle. Ce fut vite bâclé : le poisson au fond de la poêle, simplement couvert d'eau, avec de l'oignon, de l'huile, de l'ail, une poignée de poivre, une tomate, un demi-verre d'huile ; puis, la poêle sur le feu, un feu formidable, à rôtir un mouton.

Les pêcheurs disent que le mérite de la bouillabaisse est dans la cuisson : il faut que la poêle disparaisse au milieu des flammes. Cependant, le méger, très grave, coupait des tranches de pain dans un saladier. Au bout d'une demi-heure, il versa le bouillon sur les tranches et servit le poisson à part.

— Allons! dit-il. Elle n'est bonne que brûlante.

Et la bouillabaisse fut mangée, au milieu des plaisanteries habituelles.

— Dites donc, Micoulin, vous avez mis de la poudre dedans?

— Elle est bonne, mais il faut un gosier en fer.

Lui, dévorait tranquillement, avalant une tranche à chaque bouchée. D'ailleurs, il témoignait, en se tenant un peu à l'écart, combien il était flatté de déjeuner avec les maîtres.

Après le déjeuner, on resta là, en attendant que la grosse chaleur fût passée. Les rochers, éclatants de lumière, éclaboussés de tons roux, étalaient des ombres noires. Des buissons de chênes verts les tachaient de marbrures sombres, tandis que, sur les pentes, des bois de pins montaient, réguliers, pareils à une armée de petits soldats en marche. Un lourd silence tombait avec l'air chaud.

Madame Rostand avait apporté l'éternel travail de broderie qu'on lui voyait toujours aux mains. Naïs, assise près d'elle, paraissait s'intéresser au va-et-vient de l'aiguille. Mais son regard guettait son père. Il faisait la sieste, allongé à quelques pas. Un peu plus loin, Frédéric dormait lui aussi, sous son chapeau de paille rabattu, qui lui protégeait le visage.

Vers quatre heures, ils s'éveillèrent. Micoulin jurait qu'il connaissait une compagnie de perdreaux, au fond de la gorge. Trois jours auparavant, il les avait encore vus. Alors, Frédéric se laissa tenter, tous deux prirent leur fusil.

— Je t'en prie, criait madame Rostand, sois prudent... Le pied peut glisser, et l'on se blesse soi-même.

— Ah! ça arrive, dit tranquillement Micoulin.

Ils partirent, ils disparurent derrière les rochers. Naïs se leva brusquement et les suivit à distance, en murmurant :

— Je vais voir.

Au lieu de rester dans le sentier, au fond de la gorge, elle se jeta vers la gauche, parmi des buissons, pressant le pas, évitant de faire rouler les pierres. Enfin, au coude du chemin, elle aperçut Frédéric. Sans doute, il avait déjà fait lever les perdreaux, car il marchait rapidement, à demi courbé, prêt à épauler son fusil. Elle ne voyait toujours pas son père. Puis, tout d'un coup, elle le découvrit de l'autre côté du ravin, sur la pente où elle se trouvait elle-même : il était accroupi, il semblait attendre. A deux reprises, il leva son arme. Si les perdreaux s'étaient envolés entre lui et Frédéric, les chasseurs, en tirant, pouvaient s'atteindre. Naïs, qui se glissait de buisson en buisson, était venue se placer, anxieuse, derrière le vieux.

Les minutes s'écoulaient. En face, Frédéric avait disparu dans un pli de terrain. Il reparut, il resta un moment immobile. Alors, de nouveau, Micoulin, toujours accroupi, ajusta longuement le jeune homme. Mais, d'un coup de pied, Naïs avait haussé le canon, et la charge partit en l'air, avec une détonation terrible, qui roula dans les échos de la gorge.

Le vieux s'était relevé. En apercevant Naïs, il saisit par le canon son fusil fumant, comme pour l'assommer d'un coup de crosse. La jeune fille se tenait debout, toute blanche, avec des yeux qui jetaient des flammes. Il n'osa pas frapper, il bé-

gaya seulement en patois, tremblant de rage :
— Va, va, je le tuerai.

Au coup de feu du méger, les perdreaux s'étaient envolés, Frédéric en avait abattu deux. Vers six heures, les Rostand rentrèrent à la Blancarde. Le père Micoulin ramait, de son air de brute têtue et tranquille.

V

Septembre s'acheva. Après un violent orage, l'air avait pris une grande fraîcheur. Les jours devenaient plus courts, et Naïs refusait de rejoindre Frédéric la nuit, en lui donnant pour prétexte qu'elle était trop lasse, qu'ils attraperaient du mal, sous les abondantes rosées qui trempaient la terre. Mais, comme elle venait chaque matin, vers six heures, et que madame Rostand ne se levait guère que trois heures plus tard, elle montait dans la chambre du jeune homme, elle restait quelques instants, l'oreille aux aguets, écoutant par la porte laissée ouverte.

Ce fut l'époque de leurs amours où Naïs témoigna le plus de tendresse à Frédéric. Elle le prenait par le cou, approchait son visage, le regardait de tout près, avec une passion qui lui emplissait les yeux de larmes. Il semblait toujours qu'elle ne devait pas le revoir. Puis, elle lui mettait vivement une pluie de baisers sur le visage, comme pour protester et jurer qu'elle saurait le défendre.

— Qu'a donc Naïs? disait souvent madame Rostand. Elle change tous les jours.

Elle maigrissait en effet, ses joues devenaient creuses. La flamme de ses regards s'était assombrie. Elle avait de longs silences, dont elle sortait en sursaut, de l'air inquiet d'une fille qui vient de dormir et de rêver.

— Mon enfant, si tu es malade, il faut te soigner, répétait sa maîtresse.

Mais Naïs, alors, souriait.

— Oh! non, madame, je me porte bien, je suis heureuse... Jamais je n'ai été si heureuse.

Un matin, comme elle l'aidait à compter le linge, elle s'enhardit, elle osa la questionner.

— Vous resterez donc tard à la Blancarde, cette année?

— Jusqu'à la fin d'octobre, répondit madame Rostand.

Et Naïs demeura debout un instant, les yeux perdus; puis, elle dit tout haut, sans en avoir conscience :

— Encore vingt jours.

Un continuel combat l'agitait. Elle aurait voulu garder Frédéric auprès d'elle, et en même temps, à chaque heure, elle était tentée de lui crier : Va-t'en ! Pour elle, il était perdu ; jamais cette saison d'amour ne recommencerait, elle se l'était dit dès le premier rendez-vous. Même, un soir de sombre tristesse, elle se demanda si elle ne devait pas laisser tuer Frédéric par son père, pour qu'il n'allât pas avec d'autres ; mais la pensée de le savoir mort, lui si délicat, si blanc, plus demoiselle qu'elle, lui était insupportable ; et sa mauvaise pensée lui fit horreur. Non, elle le sauverait, il n'en saurait jamais rien, il ne l'aimerait bientôt plus ; seulement, elle serait heureuse de penser qu'il vivait.

Souvent, elle lui disait, le matin :

— Ne sors pas, ne vas pas en mer, l'air est mauvais.

D'autres fois, elle lui conseillait de partir.

— Tu dois t'ennuyer, tu ne m'aimeras plus... Va donc passer quelques jours à la ville.

Lui, s'étonnait de ces changements d'humeur. Il trouvait la paysanne moins belle, depuis que son visage se séchait, et une satiété de ces amours violentes commençait à lui venir. Il regrettait l'eau de Cologne et la poudre de riz des filles d'Aix et de Marseille.

Toujours, bourdonnaient aux oreilles de Naïs les mots du père : « Je le tuerai... Je le tuerai... » La nuit, elle s'éveillait en rêvant qu'on tirait des coups de feu. Elle devenait peureuse, poussait un cri, pour une pierre qui roulait sous ses pieds. A toute heure, quand elle ne le voyait plus, elle s'inquiétait de « monsieur Frédéric ». Et, ce qui l'épouvantait, c'était qu'elle entendait, du matin au soir, le silence entêté de Micoulin répéter : « Je le tuerai. » Il n'avait plus fait une allusion, pas un mot, pas un geste ; mais, pour elle, les regards du vieux, chacun de ses mouvements, sa personne entière disait qu'il tuerait le jeune maître à la première occasion, quand il ne craindrait pas d'être inquiété par la justice. Après, il s'occuperait de Naïs. En attendant, il la traitait à coups de pied, comme un animal qui a fait une faute.

— Et ton père, il est toujours brutal ? lui demanda un matin Frédéric, qui fumait des cigarettes dans son lit, pendant qu'elle allait et venait, mettant un peu d'ordre.

— Oui, répondit-elle, il devient fou.

Et elle montra ses jambes noires de meurtrissures. Puis, elle murmura ces mots qu'elle disait souvent d'une voix sourde :

— Ça finira, ça finira.

Dans les premiers jours d'octobre, elle parut encore plus sombre. Elle avait des absences, remuait les lèvres, comme si elle se fût parlé tout bas. Frédéric l'aperçut plusieurs fois debout sur la falaise, ayant l'air d'examiner les arbres autour d'elle, mesurant d'un regard la profondeur du gouffre. A quelques jours de là, il la surprit avec Toine, le bossu, en train de cueillir des figues, dans un coin de la propriété. Toine venait aider Micoulin, quand il y avait trop de besogne. Il était sous le figuier, et Naïs, montée sur une grosse branche, plaisantait; elle lui criait d'ouvrir la bouche, elle lui jetait des figues, qui s'écrasaient sur sa figure. Le pauvre être ouvrait la bouche, fermait les yeux avec extase ; et sa large face exprimait une béatitude sans bornes. Certes, Frédéric n'était pas jaloux, mais il ne put s'empêcher de la plaisanter.

— Toine se couperait la main pour nous, dit-elle de sa voix brève. Il ne faut pas le maltraiter, on peut avoir besoin de lui.

Le bossu continua de venir tous les jours à la Blancarde. Il travaillait sur la falaise, à creuser un étroit canal pour mener les eaux au bout du jardin, dans un potager qu'on tentait d'établir. Parfois, Naïs allait le voir, et ils causaient vivement tous les deux. Il fit tellement traîner cette besogne, que le père Micoulin finit par le traiter de fainéant et par lui allonger des coups de pied dans les jambes, comme à sa fille.

Il y eut deux jours de pluie. Frédéric, qui devait retourner à Aix la semaine suivante, avait décidé qu'avant son départ il irait donner en mer un coup de filet avec Micoulin. Devant la pâleur de Naïs, il s'était mis à rire, en disant que cette fois il ne choisirait pas un jour de mistral. Alors, la jeune fille, puisqu'il partait bientôt, voulut lui accorder encore un rendez-vous, la nuit. Vers une heure, ils se retrouvèrent sur la terrasse. La pluie avait lavé le sol, une odeur forte sortait des verdures rafraîchies. Lorsque cette campagne si desséchée se mouille profondément, elle prend une violence de couleurs et de parfums : les terres rouges saignent, les pins ont des reflets d'émeraude, les rochers laissent éclater des blancheurs de linges fraîchement lessivés. Mais, dans la nuit, les amants ne goûtaient que les senteurs décuplées des thyms et des lavandes.

L'habitude les mena sous les oliviers. Frédéric

s'avançait vers celui qui avait abrité leurs amours, tout au bord du gouffre, lorsque Naïs, comme revenant à elle, le saisit par les bras, l'entraîna loin du bord, en disant d'une voix tremblante :

— Non, non, pas là !

— Qu'as-tu donc ? demanda-t-il.

Elle balbutiait, elle finit par dire qu'après une pluie comme celle de la veille, la falaise n'était pas sûre. Et elle ajouta :

— L'hiver dernier, un éboulement s'est produit ici près.

Ils s'assirent plus en arrière, sous un autre olivier. Ce fut leur dernière nuit de tendresse. Naïs avait des étreintes inquiètes. Elle pleura tout d'un coup, sans vouloir avouer pourquoi elle était ainsi secouée. Puis, elle tombait dans des silences pleins de froideur. Et, comme Frédéric la plaisantait sur l'ennui qu'elle éprouvait maintenant avec lui, elle le reprenait follement, elle murmurait :

— Non, ne dis pas ça. Je t'aime trop... Mais, vois-tu, je suis malade. Et puis, c'est fini, tu vas partir... Ah ! mon Dieu, c'est fini...

Il eut beau chercher à la consoler, en lui répétant qu'il reviendrait de temps à autre, et qu'au prochain automne, ils auraient encore deux mois devant eux : elle hochait la tête, elle sentait bien que c'était fini. Leur rendez-vous s'acheva dans un silence embarrassé ; ils regardaient la mer, Marseille qui étincelait, le phare de Planier qui brûlait solitaire et triste ; peu à peu, une mélancolie leur venait de ce vaste horizon. Vers trois heures, lorsqu'il la quitta et qu'il la baisa aux lèvres, il la sentit toute grelottante, glacée entre ses bras.

Frédéric ne put dormir. Il lut jusqu'au jour ; et, enfiévré d'insomnie, il se mit à la fenêtre, dès que l'aube parut. Justement, Micoulin allait partir pour retirer ses jambins. Comme il passait sur la terrasse, il leva la tête.

— Eh bien ! monsieur Frédéric, ce n'est pas ce matin que vous venez avec moi ? demanda-t-il.

— Ah ! non, père Micoulin, répondit le jeune homme, j'ai trop mal dormi... Demain, c'est convenu.

Le méger s'éloigna d'un pas traînard. Il lui fallait descendre et aller chercher sa barque au pied de la falaise, juste sous l'olivier où il avait surpris sa fille. Quand il eut disparu, Frédéric, en tournant les yeux, fut étonné de voir Toine déjà au travail ; le bossu se trouvait près de l'olivier, une pioche à la main, réparant l'étroit canal que les pluies avaient crevé. L'air était frais, il faisait bon à la fenêtre. Le jeune homme rentra dans sa chambre pour rouler une cigarette. Mais, comme il revenait lentement s'accouder, un bruit épouvantable, un grondement de tonnerre, se fit entendre ; et il se précipita.

C'était un éboulement. Il distingua seulement Toine qui se sauvait en agitant sa bêche, dans un nuage de terre rouge. Au bord du gouffre, le vieil olivier aux branches tordues s'enfonçait, tombait tragiquement à la mer. Un rejaillissement d'écume montait. Cependant, un cri terrible avait traversé l'espace. Et Frédéric aperçut alors Naïs, qui, sur ses bras raidis, emportée par un élan de tout son corps, se penchait au-dessus du parapet de la terrasse, pour voir ce qui se passait au bas de la falaise. Elle restait là, immobile, allongée, les poignets comme scellés dans la pierre. Mais elle eut sans doute la sensation que quelqu'un la regardait, car elle se tourna, elle cria en voyant Frédéric :

— Mon père ! mon père !

Une heure après, on trouva, sous les pierres, le corps de Micoulin mutilé horriblement. Toine, fiévreux, racontait qu'il avait failli être entraîné ; et tout le pays déclarait qu'on n'aurait pas dû faire passer un ruisseau là-haut, à cause des infiltrations. La mère Micoulin pleura beaucoup. Naïs accompagna son père au cimetière, les yeux secs et enflammés, sans trouver une larme.

Le lendemain de la catastrophe, madame Rostand avait absolument voulu rentrer à Aix. Frédéric fut très satisfait de ce départ, en voyant ses amours dérangées par ce drame horrible ; d'ailleurs, décidément, les paysannes ne valaient pas les filles. Il reprit son existence. Sa mère, touchée de son assiduité près d'elle à la Blancarde, lui accorda une liberté plus grande. Aussi passa-t-il un hiver charmant : il faisait venir des dames de Marseille, qu'il hébergeait dans une chambre louée par lui, au faubourg ; il découchait, rentrait seulement aux heures où sa présence était indispensable, dans le grand hôtel froid de la rue du Collège ; et il espérait bien que son existence coulerait toujours ainsi.

A Pâques, M. Rostand dut aller à la Blancarde. Frédéric inventa un prétexte pour ne pas l'accompagner. Quand l'avoué revint, il dit, au déjeuner :

— Naïs se marie.

— Bah ! s'écria Frédéric stupéfait.

— Et vous ne devineriez jamais avec qui, continua M. Rostand. Elle m'a donné de si bonnes raisons...

Naïs épousait Toine, le bossu. Comme cela, rien ne serait changé à la Blancarde. On garderait pour méger Toine, qui prenait soin de la propriété depuis la mort du père Micoulin.

Le jeune homme écoutait avec un sourire gêné. Puis, il trouva lui-même l'arrangement commode pour tout le monde.

— Naïs est bien vieillie, bien enlaidie, reprit M. Rostand. Je ne la reconnaissais pas. C'est étonnant comme ces filles, au bord de la mer, passent vite... Elle était très belle, cette Naïs.

— Oh! un déjeuner de soleil, dit Frédéric, qui achevait tranquillement sa côtelette.

NANTAS

NANTAS

I

La chambre que Nantas habitait depuis son arrivée de Marseille se trouvait au dernier étage d'une maison de la rue de Lille, à côté de l'hôtel du baron Danvilliers, membre du conseil d'État. Cette maison appartenait au baron, qui l'avait fait construire sur d'anciens communs. Nantas, en se penchant, pouvait apercevoir un coin du jardin de l'hôtel, où des arbres superbes jetaient leur ombre. Au delà, par-dessus les cimes vertes, une échappée s'ouvrait sur Paris, on voyait la trouée de la Seine, les Tuileries, le Louvre, l'enfilade des quais, toute une mer de toitures, jusqu'aux lointains perdus du Père-Lachaise.

C'était une étroite chambre mansardée, avec une fenêtre taillée dans les ardoises. Nantas l'avait simplement meublée d'un lit, d'une table et d'une chaise. Il était descendu là, cherchant le bon marché, décidé à camper tant qu'il n'aurait pas trouvé une situation quelconque. Le papier sali, le plafond noir, la misère et la nudité de ce cabinet où il n'y avait pas de cheminée, ne le blessaient point. Depuis qu'il s'endormait en face du Louvre et des Tuileries, il se comparait à un général qui couche dans quelque misérable auberge, au bord d'une route, devant la ville riche et immense, qu'il doit prendre d'assaut le lendemain.

L'histoire de Nantas était courte. Fils d'un maçon de Marseille, il avait commencé ses études au lycée de cette ville, poussé par l'ambitieuse tendresse de sa mère, qui rêvait de faire de lui un monsieur. Les parents s'étaient saignés pour le mener jusqu'au baccalauréat. Puis, la mère étant morte, Nantas dut accepter un petit emploi chez un négociant, où il traîna pendant douze années une vie dont la monotonie l'exaspérait. Il se serait enfui vingt fois, si son devoir de fils ne l'avait cloué à Marseille, près de son père tombé d'un échafaudage et devenu impotent. Maintenant, il devait suffire à tous les besoins. Mais un soir, en rentrant, il trouva le maçon mort, sa pipe encore chaude à côté de lui. Trois jours plus tard, il vendait les quatre nippes du ménage, et partait pour Paris, avec deux cents francs dans sa poche.

Il y avait, chez Nantas, une ambition entêtée de fortune, qu'il tenait de sa mère. C'était un garçon de décision prompte, de volonté froide. Tout jeune, il disait être une force. On avait souvent ri de lui, lorsqu'il s'oubliait à faire des confidences et à répéter sa phrase favorite : « Je suis une force, » phrase qui devenait comique, quand on le voyait avec sa mince redingote noire, craquée aux épaules, et dont les manches lui remontaient au-dessus des poignets. Peu à peu, il s'était ainsi fait une religion de la force, ne voyant qu'elle dans le monde, convaincu que les forts sont quand même les victorieux. Selon lui, il suffisait de vouloir et de pouvoir. Le reste n'avait pas d'importance.

Le dimanche, lorsqu'il se promenait seul dans la banlieue brûlée de Marseille, il se sentait du génie; au fond de son être, il y avait comme une impulsion instinctive qui le jetait en avant; et il rentrait manger quelque platée de pommes de terre avec son père infirme, en se disant qu'un jour il saurait bien se tailler sa part, dans cette société où il n'était rien encore à trente ans. Ce n'était point une envie basse, un appétit des jouissances vulgaires ; c'était le sentiment très net d'une intelligence et d'une volonté qui, n'étant pas à leur place, entendaient monter tranquillement à cette place, par un besoin naturel de logique.

Dès qu'il toucha le pavé de Paris, Nantas crut qu'il lui suffirait d'allonger les mains, pour trouver une situation digne de lui. Le jour même, il se mit en campagne. On lui avait donné des lettres de recommandation, qu'il porta à leur adresse ; en outre, il frappa chez quelques compatriotes, espérant leur appui. Mais, au bout d'un mois, il n'avait obtenu aucun résultat : le moment était mauvais, disait-on ; ailleurs, on lui faisait des promesses qu'on ne tenait point. Cependant, sa petite bourse se vidait, il lui restait une vingtaine de francs, au plus. Et ce fut avec ces vingt francs qu'il dut vivre tout un mois encore, ne mangeant que du pain, battant Paris du matin au soir, et revenant se coucher sans lumière, brisé de fatigue, toujours les mains vides. Il ne se décourageait pas ; seulement, une sourde colère montait en lui. La destinée lui semblait illogique et injuste.

Un soir, Nantas rentra sans avoir mangé. La

veille, il avait fini son dernier morceau de pain. Plus d'argent et pas un ami pour lui prêter vingt sous. La pluie était tombée toute la journée, une de ces pluies grises de Paris qui sont si froides. Un fleuve de boue coulait dans les rues. Nantas, trempé jusqu'aux os, était allé à Bercy, puis à Montmartre, où on lui avait indiqué des emplois ; mais, à Bercy, la place était prise, et l'on n'avait pas trouvé son écriture assez belle, à Montmartre. C'étaient ses deux dernières espérances. Il aurait accepté n'importe quoi, avec la certitude qu'il taillerait sa fortune dans la première situation venue. Il ne demandait d'abord que du pain, de quoi vivre à Paris, un terrain quelconque pour bâtir ensuite pierre à pierre. De Montmartre à la rue de Lille, il marcha lentement, le cœur noyé d'amertume. La pluie avait cessé, une foule affairée le bousculait sur les trottoirs. Il s'arrêta plusieurs minutes devant la boutique d'un changeur : cinq francs lui auraient peut-être suffi pour être un jour le maître de tout ce monde ; avec cinq francs on peut vivre huit jours, et en huit jours on fait bien des choses. Comme il rêvait ainsi, une voiture l'éclaboussa, il dut s'essuyer le front qu'un jet de boue avait souffleté. Alors, il marcha plus vite, serrant les dents, pris d'une envie féroce de tomber à coups de poing sur la foule qui barrait les rues : cela l'aurait vengé de la bêtise du destin. Un omnibus faillit l'écraser, rue Richelieu. Au milieu de la place du Carrousel, il jeta aux Tuileries un regard jaloux. Sur le pont des Saints-Pères, une petite fille bien mise l'obligea à s'écarter de son droit chemin, qu'il suivait avec la raideur d'un sanglier traqué par une meute ; et ce détour lui parut une suprême humiliation : jusqu'aux enfants qui l'empêchaient de passer ! Enfin, quand il se fut réfugié dans sa chambre, ainsi qu'une bête blessée revient mourir au gîte, il s'assit lourdement sur sa chaise, assommé, examinant son pantalon que la crotte avait raidi, et ses souliers éculés qui laissaient couler une mare sur le carreau.

Cette fois, c'était bien la fin. Nantas se demandait comment il se tuerait. Son orgueil restait debout, il jugeait que son suicide allait punir Paris. Être une force, sentir en soi une puissance, et ne pas trouver une personne qui vous devine, qui vous donne le premier écu dont vous avez besoin ! Cela lui semblait d'une sottise monstrueuse, son être entier se soulevait de colère. Puis, c'était en lui un immense regret, lorsque ses regards tombaient sur ses bras inutiles. Aucune besogne pourtant ne lui faisait peur ; du bout de son petit doigt, il aurait soulevé un monde ; et il demeurait là, rejeté dans son coin, réduit à l'impuissance, se dévorant comme un lion en cage. Mais, bientôt, il se calmait, il trouvait la mort plus grande. On lui avait conté, quand il était petit, l'histoire d'un inventeur qui, ayant construit une merveilleuse machine, la cassa un jour à coups de marteau, devant l'indifférence de la foule. Eh bien ! il était cet homme, il apportait en lui une force nouvelle, un mécanisme rare d'intelligence et de volonté, et il allait détruire cette machine, en se brisant le crâne sur le pavé de la rue.

Le soleil se couchait derrière les grands arbres de l'hôtel Danvilliers, un soleil d'automne dont les rayons d'or allumaient les feuilles jaunies. Nantas se leva comme attiré par cet adieu de l'astre. Il allait mourir, il avait besoin de lumière. Un instant, il se pencha. Souvent, entre les masses des feuillages, au détour d'une allée, il avait aperçu une jeune fille blonde, très grande, marchant avec un orgueil princier. Il n'était point romanesque, il avait passé l'âge où les jeunes hommes rêvent, dans les mansardes, que des demoiselles du monde viennent leur apporter de grandes passions et de grandes fortunes. Pourtant, il arriva, à cette heure suprême du suicide, qu'il se rappela tout d'un coup cette belle fille blonde, si hautaine. Comment pouvait-elle se nommer ? Mais, au même instant, il serra les poings, car il ne se sentait que de la haine pour les gens de cet hôtel dont les fenêtres entr'ouvertes lui laissaient apercevoir des coins de luxe sévère, et il murmura dans un élan de rage :

— Oh ! je me vendrais, je me vendrais, si l'on me donnait les premiers cent sous de ma fortune future !

Cette idée de se vendre l'occupa un moment. S'il y avait eu quelque part un Mont-de-Piété où l'on prêtât sur la volonté et l'énergie, il serait allé s'y engager. Il imaginait des marchés, un homme politique venait l'acheter pour faire de lui un instrument, un banquier le prenait pour user à toute heure de son intelligence ; et il acceptait, ayant le dédain de l'honneur, se disant qu'il suffisait d'être fort et de triompher un jour. Puis, il eut un sourire. Est-ce qu'on trouve à se vendre ? Les coquins, qui guettent les occasions, crèvent de misère, sans mettre jamais la main sur un acheteur. Il craignit d'être lâche, il se dit qu'il inventait là des distractions. Et il s'assit de nouveau, en jurant qu'il se précipiterait de la fenêtre, lorsqu'il ferait nuit noire.

Cependant, sa fatigue était telle, qu'il s'endormit sur sa chaise. Brusquement, il fut réveillé par un bruit de voix. C'était sa concierge qui introduisait chez lui une dame.

— Monsieur, commença-t-elle, je me suis permis de faire monter...

Et, comme elle s'aperçut qu'il n'y avait pas de lumière dans la chambre, elle redescendit vivement chercher une bougie. Elle paraissait connaître la personne qu'elle amenait, à la fois complaisante et respectueuse.

— Voilà, reprit-elle en se retirant. Vous pouvez causer, personne ne vous dérangera.

Nantas, qui s'était éveillé en sursaut, regardait la dame avec surprise. Elle avait levé sa voilette. C'était une personne de quarante-cinq ans, petite, très grasse, d'une figure poupine et blanche de vieille dévote. Il ne l'avait jamais vue. Lorsqu'il lui offrit l'unique chaise, en l'interrogeant du regard, elle se nomma :

— Mademoiselle Chuin... Je viens, monsieur, pour vous entretenir d'une affaire importante.

Lui, avait dû s'asseoir sur le bord du lit. Le

nom de mademoiselle Chuin ne lui apprenait rien. Il prit le parti d'attendre qu'elle voulût bien s'expliquer. Mais elle ne se pressait pas ; elle avait fait d'un coup d'œil le tour de l'étroite pièce, et semblait hésiter sur la façon dont elle entamerait l'entretien. Enfin, elle parla, d'une voix très douce, en appuyant d'un sourire les phrases délicates.

— Monsieur, je viens en amie... On m'a donné sur votre compte les renseignements les plus touchants. Certes, ne croyez pas à un espionnage. Il n'y a, dans tout ceci, que le vif désir de vous être utile. Je sais combien la vie vous a été rude jusqu'à présent, avec quel courage vous avez lutté pour trouver une situation, et quel est aujourd'hui le résultat fâcheux de tant d'efforts... Pardonnez-moi une fois encore, monsieur, de m'introduire ainsi dans votre existence. Je vous jure que la sympathie seule...

Nantas ne l'interrompait pas, pris de curiosité, pensant que sa concierge avait dû fournir tous ces détails. Mademoiselle Chuin pouvait continuer, et pourtant elle cherchait de plus en plus des compliments, des façons caressantes de dire les choses.

— Vous êtes un garçon d'un grand avenir,

monsieur. Je me suis permis de suivre vos tentatives et j'ai été vivement frappée par votre louable fermeté dans le malheur. Enfin, il me semble que vous iriez loin, si quelqu'un vous tendait la main.

Elle s'arrêta encore. Elle attendait un mot. Le jeune homme crut que cette dame venait lui offrir une place. Il répondit qu'il accepterait tout. Mais elle, maintenant que la glace était rompue, lui demanda carrément :

— Éprouveriez-vous quelque répugnance à vous marier?

— Me marier! s'écria Nantas. Eh! bon Dieu! qui voudrait de moi, madame?... Quelque pauvre fille que je ne pourrais seulement pas nourrir.

— Non, une jeune fille très belle, très riche, magnifiquement apparentée, qui vous mettra d'un coup dans la main les moyens d'arriver à la situation la plus haute.

Nantas ne riait plus.

— Alors, quel est le marché? demanda-t-il, en baissant instinctivement la voix.

— Cette jeune fille est enceinte, et il faut reconnaître l'enfant, dit nettement mademoiselle Chuin, qui oubliait ses tournures onctueuses pour aller plus vite en affaire.

Le premier mouvement de Nantas fut de jeter l'entremetteuse à la porte.

— C'est une infamie que vous me proposez là, murmura-t-il.

— Oh ! une infamie, s'écria mademoiselle Chuin, retrouvant sa voix mielleuse, je n'accepte pas ce vilain mot... La vérité, monsieur, est que vous sauverez une famille du désespoir. Le père ignore tout, la grossesse n'est encore que peu avancée ; et c'est moi qui ai conçu l'idée de marier le plus tôt possible la pauvre fille, en présentant le mari comme l'auteur de l'enfant. Je connais le père, il en mourrait. Ma combinaison amortira le coup, il croira à une réparation... Le malheur est que le véritable séducteur est marié. Ah ! monsieur, il y a des hommes qui manquent vraiment de sens moral...

Elle aurait pu aller longtemps ainsi. Nantas ne l'écoutait plus. Pourquoi donc refuserait-il ? Ne demandait-il pas à se vendre tout à l'heure ? Eh bien ! on venait l'acheter. Donnant, donnant. Il donnait son nom, on lui donnait une situation. C'était un contrat comme un autre. Il regarda son pantalon crotté par la boue de Paris, il sentit qu'il n'avait pas mangé depuis la veille, toute la colère de ses deux mois de recherches et d'humiliations lui revint au cœur. Enfin ! il allait donc mettre le pied sur ce monde qui le repoussait et le jetait au suicide !

— J'accepte, dit-il crûment.

Puis, il exigea de mademoiselle Chuin des explications claires. Que voulait-elle pour son entremise ? Elle se récria, elle ne voulait rien. Pourtant, elle finit par demander vingt mille francs, sur l'apport que l'on constituerait au jeune homme. Et, comme il ne marchandait pas, elle se montra expansive.

— Écoutez, c'est moi qui ai songé à vous. La jeune personne n'a pas dit non, lorsque je vous ai nommé... Oh ! c'est une bonne affaire, vous me remercierez plus tard. J'aurais pu trouver un homme titré, j'en connais un qui m'aurait baisé les mains. Mais j'ai préféré choisir en dehors du monde de cette pauvre enfant. Cela paraîtra plus romanesque... Puis, vous me plaisez. Vous êtes gentil, vous avez la tête solide. Oh ! vous irez loin. Ne m'oubliez pas, je suis tout à vous.

Jusque-là, aucun nom n'avait été prononcé. Sur une interrogation de Nantas, la vieille fille se leva et dit en se présentant de nouveau :

— Mademoiselle Chuin... Je suis chez le baron Danvilliers depuis la mort de la baronne, en qualité de gouvernante. C'est moi qui ai élevé mademoiselle Flavie, la fille de monsieur le baron... Mademoiselle Flavie est la jeune personne en question.

Et elle se retira, après avoir discrètement déposé sur la table une enveloppe qui contenait un billet de cinq cents francs. C'était une avance faite par elle, pour subvenir aux premiers frais. Quand il fut seul, Nantas alla se mettre à la fenêtre. La nuit était très noire ; on ne distinguait plus que la masse des arbres, à l'épaississement de l'ombre ; une fenêtre luisait sur la façade sombre de l'hôtel. Ainsi, c'était cette grande fille blonde, qui marchait d'un pas de reine et qui ne daignait point l'apercevoir. Elle ou une autre, qu'importait, d'ailleurs ! La femme n'entrait pas dans le marché. Alors, Nantas leva les yeux plus haut, sur Paris grondant dans les ténèbres, sur les quais, les rues, les carrefours de la rive gauche, éclairés des flammes dansantes du gaz ; et il tutoya Paris, il devint familier et supérieur.

— Maintenant, tu es à moi !

II

Le baron Danvilliers était dans le salon qui lui servait de cabinet, une haute pièce sévère, tendue de cuir, garnie de meubles antiques. Depuis l'avant-veille, il restait comme foudroyé par l'histoire que mademoiselle Chuin lui avait contée du déshonneur de Flavie. Elle avait eu beau amener les faits de loin, les adoucir, le vieillard était tombé sous le coup, et seule la pensée que le séducteur pouvait offrir une suprême réparation, le tenait debout encore. Ce matin-là, il attendait la visite de cet homme qu'il ne connaissait point et qui lui prenait ainsi sa fille. Il sonna.

— Joseph, il va venir un jeune homme que vous introduirez... Je n'y suis pour personne autre.

Et il songeait amèrement, seul au coin de son

feu. Le fils d'un maçon, un meurt-de-faim qui n'avait aucune situation avouable ! Mademoiselle Chuin le donnait bien comme un garçon d'avenir, mais que de honte, dans une famille où il n'y avait pas eu une tache jusque-là ! Flavie s'était accusée avec une sorte d'emportement, pour épargner à sa gouvernante le moindre reproche. Depuis cette explication pénible, elle gardait la chambre, le baron avait refusé de la revoir. Il voulait, avant de pardonner, régler lui-même cette abominable affaire. Toutes ses dispositions étaient prises. Mais ses cheveux avaient achevé de blanchir, un tremblement sénile agitait sa tête.

— Monsieur Nantas, annonça Joseph.

Le baron ne se leva pas. Il tourna seulement la tête et regarda fixement Nantas qui s'avançait. Celui-ci avait eu l'intelligence de ne pas céder au désir de s'habiller de neuf ; il avait acheté une redingote et un pantalon noir encore propres, mais très râpés ; et cela lui donnait l'apparence d'un étudiant pauvre et soigneux, ne sentant en rien l'aventurier. Il s'arrêta au milieu de la pièce, et attendit, debout, sans humilité pourtant.

— C'est donc vous, monsieur, bégaya le vieillard.

Mais il ne put continuer, l'émotion l'étranglait ; il craignait de céder à quelque violence. Après un silence, il dit simplement :

— Monsieur, vous avez commis une mauvaise action.

Et, comme Nantas allait s'excuser, il répéta avec plus de force :

— Une mauvaise action... Je ne veux rien savoir, je vous prie de ne pas chercher à m'expliquer les choses. Ma fille se serait jetée à votre cou, que votre crime resterait le même... Il n'y a que les voleurs qui s'introduisent ainsi violemment dans les familles.

Nantas avait de nouveau baissé la tête.

— C'est une dot gagnée aisément, c'est un guet-apens où vous étiez certain de prendre la fille et le père...

— Permettez, monsieur, interrompit le jeune homme qui se révoltait.

Mais le baron eut un geste terrible.

— Quoi? que voulez-vous que je permette?.... Ce n'est pas à vous de parler ici. Je vous dis ce que je dois vous dire et ce que vous devez entendre, puisque vous venez à moi comme un coupable... Vous m'avez outragé. Voyez cette maison, notre famille y a vécu pendant plus de trois siècles sans une souillure ; n'y sentez-vous pas un honneur séculaire, une tradition de dignité et de respect? Eh bien ! monsieur, vous avez souffleté tout cela. J'ai failli en mourir, et aujourd'hui mes mains tremblent, comme si j'avais brusquement vieilli de dix ans... Taisez-vous et écoutez-moi.

Nantas était devenu très pâle. Il avait accepté là un rôle bien lourd. Pourtant, il voulut prétexter l'aveuglement de la passion.

— J'ai perdu la tête, murmura-t-il en tâchant d'inventer un roman. Je n'ai pu voir mademoiselle Flavie...

Au nom de sa fille, le baron se leva et cria d'une voix de tonnerre :

— Taisez-vous ! Je vous ai dit que je ne voulais rien savoir. Que ma fille soit allée vous chercher, ou que ce soit vous qui soyez venu à elle, cela ne me regarde pas. Je ne lui ai rien demandé, je ne vous demande rien. Gardez tous les deux vos confessions, c'est une ordure où je n'entrerai pas.

Il se rassit, tremblant, épuisé. Nantas s'inclinait, troublé profondément, malgré l'empire qu'il avait sur lui-même. Au bout d'un silence, le vieillard reprit de la voix sèche d'un homme qui traite une affaire :

— Je vous demande pardon, monsieur. Je m'étais promis de garder mon sang-froid. Ce n'est pas vous qui m'appartenez, c'est moi qui vous appartiens, puisque je suis à votre discrétion. Vous êtes ici pour m'offrir une transaction devenue nécessaire. Transigeons, monsieur.

Et il affecta dès lors de parler comme un avoué qui arrange à l'amiable quelque procès honteux, où il ne met les mains qu'avec dégoût. Il disait posément :

— Mademoiselle Flavie Danvilliers a hérité, à la mort de sa mère, d'une somme de deux cent mille francs, qu'elle ne devait toucher que le jour de son mariage. Cette somme a déjà produit des intérêts. Voici, d'ailleurs, mes comptes de tutelle, que je veux vous communiquer.

Il avait ouvert un dossier, il lut des chiffres. Nantas tenta vainement de l'arrêter. Maintenant, une émotion le prenait, en face de ce vieillard, si droit et si simple, qui lui paraissait très grand, depuis qu'il était calme.

— Enfin, conclut celui-ci, je vous reconnais dans le contrat que mon notaire a dressé ce matin, un apport de deux cent mille francs. Je sais que vous n'avez rien. Vous toucherez les deux cent mille francs chez mon banquier, le lendemain du mariage.

— Mais, monsieur, dit Nantas, je ne vous demande pas votre argent, je ne veux que votre fille...

Le baron lui coupa la parole.

— Vous n'avez pas le droit de refuser, et ma fille ne saurait épouser un homme moins riche qu'elle... Je vous donne la dot que je lui destinais, voilà tout. Peut-être aviez-vous compté trouver davantage, mais on me croit plus riche que je ne le suis réellement, monsieur.

Et, comme le jeune homme restait muet sous cette dernière cruauté, le baron termina l'entrevue, en sonnant le domestique.

— Joseph, dites à mademoiselle que je l'attends tout de suite dans mon cabinet.

Il s'était levé, il ne prononça plus un mot, marchant lentement. Nantas demeurait debout et immobile. Il trompait ce vieillard, il se sentait petit et sans force devant lui. Enfin, Flavie entra.

— Ma fille, dit le baron, voici cet homme. Le mariage aura lieu dans le délai légal.

Et il s'en alla, il les laissa seuls, comme si, pour lui, le mariage était conclu. Quand la porte se fut refermée, un silence régna. Nantas et Flavie se regardaient. Ils ne s'étaient point vus encore. Elle lui parut très belle, avec son visage pâle et hautain, dont les grands yeux gris ne se baissaient pas. Peut-être avait-elle pleuré depuis trois jours qu'elle n'avait pas quitté sa chambre; mais la froideur de ses joues devait avoir glacé ses larmes. Ce fut elle qui parla la première.

— Alors, monsieur, cette affaire est terminée?

— Oui, madame, répondit simplement Nantas.

Elle eut une moue involontaire, en l'enveloppant d'un long regard, qui semblait chercher en lui sa bassesse.

— Allons, tant mieux, reprit-elle. Je craignais de ne trouver personne pour un tel marché.

Nantas sentit, à sa voix, tout le mépris dont elle l'accablait. Mais il releva la tête. S'il avait tremblé devant le père, en sachant qu'il le trompait, il entendait être solide et carré en face de la fille, qui était sa complice.

— Pardon, madame, dit-il tranquillement, avec une grande politesse, je crois que vous vous méprenez sur la situation que nous fait à tous deux ce que vous venez d'appeler très justement un marché. J'entends que, dès aujourd'hui, nous nous mettions sur un pied d'égalité...

— Ah! vraiment, interrompit Flavie, avec un sourire dédaigneux.

— Oui, sur un pied d'égalité complète... Vous avez besoin d'un nom pour cacher une faute que je ne me permets pas de juger, et je vous donne le mien. De mon côté, j'ai besoin d'une mise de fonds, d'une certaine position sociale, pour mener à bien de grandes entreprises, et vous m'apportez ces fonds. Nous sommes dès aujourd'hui deux associés dont les apports se balancent, nous avons seulement à nous remercier pour le service que nous nous rendons mutuellement.

Elle ne souriait plus. Un pli d'orgueil irrité lui barrait le front. Pourtant, elle ne répondit pas. Au bout d'un silence, elle reprit :

— Vous connaissez mes conditions?

— Non, madame, dit Nantas, qui conservait un calme parfait. Veuillez me les dicter, et je m'y soumets d'avance.

Alors, elle s'exprima nettement, sans une hésitation ni une rougeur.

— Vous ne serez jamais que mon mari de nom. Nos vies resteront complètement distinctes et séparées. Vous abandonnerez tous vos droits sur moi, et je n'aurai aucun devoir envers vous.

A chaque phrase, Nantas acceptait d'un signe

de tête. C'était bien là ce qu'il désirait. Il ajouta :

— Si je croyais devoir être galant, je vous dirais que des conditions si dures me désespèrent. Mais nous sommes au-dessus de compliments aussi fades. Je suis très heureux de vous voir le courage de nos situations respectives. Nous entrons dans la vie par un sentier où l'on ne cueille pas de fleurs... Je ne vous demande qu'une chose, madame, c'est de ne point user de la liberté que je vous laisse, de façon à rendre mon intervention nécessaire.

— Monsieur! dit violemment Flavie, dont l'orgueil se révolta.

Mais il s'inclina respectueusement, en la suppliant de ne point se blesser. Leur position était délicate, ils devaient tous deux tolérer certaines allusions, sans quoi la bonne entente devenait impossible. Il évita d'insister davantage. Mademoiselle Chuin, dans une seconde entrevue, lui avait conté la faute de Flavie. Son séducteur était un certain M. des Fondettes, le mari d'une de ses amies de couvent. Comme elle passait un mois chez eux, à la campagne, elle s'était trouvée un soir entre les bras de cet homme, sans savoir au juste comment cela avait pu se faire et jusqu'à quel point elle était consentante. Mademoiselle Chuin parlait presque d'un viol.

Brusquement, Nantas eut un mouvement amical. Ainsi que tous les gens qui ont conscience de leur force, il aimait à être bonhomme.

— Tenez ! madame, s'écria-t-il, nous ne nous connaissons pas ; mais nous aurions vraiment tort de nous détester ainsi, à première vue. Peut-être sommes-nous faits pour nous entendre... Je vois bien que vous me méprisez ; c'est que vous ignorez mon histoire.

Et il parla avec fièvre, se passionnant, disant sa vie dévorée d'ambition, à Marseille, expliquant la rage de ses deux mois de démarches inutiles dans Paris. Puis, il montra son dédain de ce qu'il nommait les conventions sociales, où patauge le commun des hommes. Qu'importait le jugement de la foule, quand on posait le pied sur elle ! Il s'agissait d'être supérieur. La toute-puissance excusait tout. Et, à grands traits, il peignit la vie souveraine qu'il saurait se faire. Il ne craignait plus aucun obstacle, rien ne prévalait contre la force. Il serait fort, il serait heureux.

— Ne me croyez pas platement intéressé, ajouta-t-il. Je ne me vends pas pour votre fortune. Je ne prends votre argent que comme un moyen de monter très haut... Oh! si vous saviez tout ce qui gronde en moi, si vous saviez les nuits ardentes que j'ai passées à refaire toujours le même rêve, sans cesse emporté par la réalité du lendemain, vous me comprendriez, vous seriez peut-être fière de vous appuyer à mon bras, en vous disant que vous me fournissez enfin les moyens d'être quelqu'un !

Elle l'écoutait toute droite, pas un trait de son visage ne remuait. Et lui se posait une question qu'il retournait depuis trois jours, sans pouvoir trouver la réponse : l'avait-elle remarqué à sa fenêtre, pour avoir accepté si vite le projet de mademoiselle Chuin, lorsque celle-ci l'avait nommé? Il lui vint la pensée singulière qu'elle se serait peut-être mise à l'aimer d'un amour romanesque, s'il avait refusé avec indignation le marché que la gouvernante était venue lui offrir.

Il se tut, et Flavie resta glacée. Puis, comme s'il ne lui avait pas fait sa confession, elle répéta sèchement :

— Ainsi, mon mari de nom seulement, nos vies complètement distinctes, une liberté absolue.

Nantas reprit aussitôt son air cérémonieux, sa voix brève d'homme qui discute un traité.

— C'est signé, madame.

Et il se retira, mécontent de lui. Comment avait-il pu céder à l'envie bête de convaincre cette femme? Elle était très belle, il valait mieux qu'il n'y eût rien de commun entre eux, car elle pouvait le gêner dans la vie.

III

Dix années s'étaient écoulées. Un matin, Nantas se trouvait dans le cabinet où le baron Danvilliers l'avait autrefois si rudement accueilli, lors de leur première entrevue. Maintenant, ce cabinet était le sien; le baron, après s'être réconcilié avec sa fille et son gendre, leur avait abandonné l'hôtel, en ne se réservant qu'un pavillon situé à l'autre bout du jardin, sur la rue de Beaune. En dix ans, Nantas venait de conquérir une des plus hautes situations financières et industrielles. Mêlé à toutes les grandes entreprises de chemins de fer, lancé dans toutes les spéculations sur les terrains qui signalèrent les premières années de l'empire, il avait réalisé rapidement une fortune immense. Mais son ambition ne se bornait pas là, il voulait jouer un rôle politique, et il avait réussi à se faire nommer député, dans un département où il possédait plusieurs fermes. Dès son arrivée au Corps législatif, il s'était posé en futur ministre des finances. Par ses connaissances spéciales et sa facilité de parole, il y prenait de jour en jour une place plus importante. Du reste, il montrait adroitement un dévouement absolu à l'empire, tout en ayant en matière de finances des théories personnelles, qui faisaient grand bruit et qu'il savait préoccuper beaucoup l'empereur.

Ce matin-là, Nantas était accablé d'affaires. Dans les vastes bureaux qu'il avait installés au rez-de-chaussée de l'hôtel, régnait une activité prodigieuse. C'était un monde d'employés, les uns immobiles derrière des guichets, les autres allant et venant sans cesse, faisant battre les portes ; c'était un bruit d'or continu, des sacs ouverts et coulant sur les tables, la musique toujours sonnante d'une caisse dont le flot semblait devoir noyer les rues. Puis, dans l'antichambre, une cohue se pressait, des solliciteurs, des hommes d'affaires, des hommes politiques, tout Paris à genoux devant la puissance. Souvent, de grands personnages attendaient là patiemment pendant une heure. Et lui, assis à son bureau, en correspondance avec la province et l'étranger, pouvant de ses bras étendus étreindre le monde, réalisait enfin son ancien rêve de force, se sentait le moteur intelligent d'une colossale machine qui remuait les royaumes et les empires.

Nantas sonna l'huissier qui gardait sa porte. Il paraissait soucieux.

— Germain, demanda-t-il, savez-vous si madame est rentrée?

Et, comme l'huissier répondait qu'il l'ignorait, il lui commanda de faire descendre la femme de chambre de madame. Mais Germain ne se retirait pas.

— Pardon, monsieur, murmura-t-il, il y a là monsieur le président du Corps législatif qui insiste pour entrer.

Alors, il eut un geste d'humeur, en disant :

— Eh bien! introduisez-le, et faites ce que je vous ai ordonné.

La veille, sur une question capitale du budget, un discours de Nantas avait produit une impression telle, que l'article en discussion avait été envoyé à la commission, pour être amendé dans le sens indiqué par lui. Après la séance, le bruit s'était répandu que le ministre des finances allait se retirer, et l'on désignait déjà dans les groupes le jeune député comme son successeur. Lui, haussait les épaules : rien n'était fait, il n'avait eu avec l'empereur qu'un entretien sur des points spéciaux. Pourtant, la visite du président du Corps législatif pouvait être grosse de signification. Il parut secouer la préoccupation qui l'assombrissait, il se leva et alla serrer les mains du président.

— Ah! monsieur le duc, dit-il, je vous demande pardon. J'ignorais que vous fussiez là... Croyez que je suis bien touché de l'honneur que vous me faites.

Un instant, ils causèrent à bâtons rompus, sur un ton de cordialité. Puis, le président, sans rien lâcher de net, lui fit entendre qu'il était envoyé par l'empereur, pour le sonder. Accepterait-il le portefeuille des finances, et avec quel programme? Alors, lui, superbe de sang-froid, posa ses conditions. Mais, sous l'impassibilité de son visage, un grondement de triomphe montait. Enfin, il gravissait le dernier échelon, il était au sommet. Encore un pas, il allait avoir toutes les têtes au-dessous de lui. Comme le président concluait, en disant qu'il se rendait à l'instant même chez l'empereur, pour lui communiquer le programme débattu, une petite porte donnant sur les appartements s'ouvrit, et la femme de chambre de madame parut.

Nantas, tout d'un coup redevenu blême, n'acheva pas la phrase qu'il prononçait. Il courut à cette femme, en murmurant :

— Excusez-moi, monsieur le duc...

Et, tout bas, il l'interrogea. Madame était donc sortie de bonne heure? Avait-elle dit où elle allait? Quand devait-elle rentrer? La femme de chambre répondait par des paroles vagues, en fille intelligente qui ne veut pas se compromettre. Ayant compris la naïveté de cet interrogatoire, il finit par dire simplement :

— Dès que madame rentrera, prévenez-la que je désire lui parler.

Le duc, surpris, s'était approché d'une fenêtre et regardait dans la cour. Nantas revint à lui, en s'excusant de nouveau. Mais il avait perdu son sang-froid, il balbutia, il l'étonna par des paroles peu adroites.

— Allons, j'ai gâté mon affaire, laissa-t-il échapper tout haut, lorsque le président ne fut plus là. Voilà un portefeuille qui va m'échapper.

Et il resta dans un état de malaise, coupé

d'accès de colère. Plusieurs personnes furent introduites. Un ingénieur avait à lui présenter un rapport qui annonçait des bénéfices énormes dans une exploitation de mine. Un diplomate l'entretint d'un emprunt qu'une puissance voisine voulait ouvrir à Paris. Des créatures défilèrent, lui rendirent des comptes sur vingt affaires considérables. Enfin, il reçut un grand nombre de ses collègues de la Chambre ; tous se répandaient en éloges outrés sur son discours de la veille. Lui, renversé au fond de son fauteuil, acceptait cet encens, sans un sourire. Le bruit de l'or continuait dans les bureaux voisins, une trépidation d'usine faisait trembler les murs, comme si on eût fabriqué là tout cet or qui sonnait. Il n'avait qu'à prendre une plume pour expédier des dépêches dont l'arrivée aurait réjoui ou consterné les marchés de l'Europe ; il pouvait empêcher ou précipiter la guerre, en appuyant ou en combattant l'emprunt dont on lui avait parlé ; même il tenait le budget de la France dans sa main, il saurait bientôt s'il serait pour ou contre l'empire. C'était le triomphe, sa personnalité développée outre mesure devenait le centre autour duquel tournait un monde. Et il ne goûtait point ce triomphe, ainsi qu'il se l'était promis. Il éprouvait une lassitude, l'esprit autre part, tressaillant au moindre bruit. Lorsqu'une flamme, une fièvre d'ambition satisfaite montait à ses joues, il se sentait tout de suite pâlir, comme si par derrière, brusquement, une main froide l'eût touché à la nuque.

Deux heures s'étaient passées, et Flavie n'avait pas encore paru. Nantas appela Germain pour le charger d'aller chercher M. Danvilliers, si le baron se trouvait chez lui. Resté seul, il marcha dans son cabinet, en refusant de recevoir davantage ce jour-là. Peu à peu, son agitation avait grandi. Évidemment, sa femme était à quelque rendez-vous. Elle devait avoir renoué avec M. des Fondettes, qui était veuf depuis six mois. Certes, Nantas se défendait d'être jaloux; pendant dix années, il avait strictement observé le traité conclu; seulement, il entendait, disait-il, ne pas être ridicule. Jamais il ne permettrait à sa femme de compromettre sa situation, en le rendant la moquerie de tous. Et sa force l'abandonnait, ce sentiment de mari qui veut simplement être respecté l'envahissait d'un tel trouble, qu'il n'en avait pas éprouvé de pareil, même lorsqu'il jouait les coups de cartes les plus hasardés, dans les commencements de sa fortune.

Flavie entra, encore en toilette de ville; elle n'avait retiré que son chapeau et ses gants. Nantas, dont la voix tremblait, lui dit qu'il serait monté chez elle, si elle lui avait fait savoir qu'elle était rentrée. Mais elle, sans s'asseoir, de l'air pressé d'une cliente, eut un geste pour l'inviter à se hâter.

— Madame, commença-t-il, une explication est devenue nécessaire entre nous... Où êtes-vous allée ce matin?

La voix frémissante de son mari, la brutalité de sa question, la surprirent extrêmement.

— Mais, répondit-elle d'un ton froid, où il m'a plu d'aller.

— Justement, c'est ce qui ne saurait me convenir désormais, reprit-il en devenant très pâle. Vous devez vous souvenir de ce que je vous ai dit, je ne tolérerai pas que vous usiez de la liberté que je vous laisse, de façon à déshonorer mon nom.

Flavie eut un sourire de souverain mépris.

— Déshonorer votre nom, monsieur, mais cela vous regarde, c'est une besogne qui n'est plus à faire.

Alors, Nantas, dans un emportement fou, s'avança comme s'il voulait la battre, bégayant:

— Malheureuse, vous sortez des bras de monsieur des Fondettes... Vous avez un amant, je le sais.

— Vous vous trompez, dit-elle sans reculer devant sa menace, je n'ai jamais revu monsieur des Fondettes... Mais j'aurais un amant que vous n'auriez pas à me le reprocher. Qu'est-ce que cela pourrait vous faire ? Vous oubliez donc nos conventions.

Il la regarda un instant de ses yeux hagards ; puis, secoué de sanglots, mettant dans son cri une passion longtemps contenue, il s'abattit à ses pieds.

— Oh ! Flavie, je vous aime !

Elle, toute droite, s'écarta, parce qu'il avait touché le coin de sa robe. Mais le malheureux la suivait en se traînant sur les genoux, les mains tendues.

— Je vous aime, Flavie, je vous aime comme un fou... Cela est venu je ne sais comment. Il y a des années déjà. Et peu à peu cela m'a pris tout entier. Oh! j'ai lutté, je trouvais cette passion indigne de moi, je me rappelais notre premier entretien.. Mais, aujourd'hui, je souffre trop, il faut que je vous parle...

Longtemps, il continua. C'était l'effondrement de toutes ses croyances. Cet homme qui avait mis sa foi dans la force, qui soutenait que la volonté est le seul levier capable de soulever le monde, tombait anéanti, faible comme un enfant, désarmé devant une femme. Et son rêve de fortune réalisé, sa haute situation conquise, il eût tout donné, pour que cette femme le relevât d'un baiser au front. Elle lui gâtait son triomphe. Il n'entendait plus l'or qui sonnait dans ses bureaux, il ne songeait plus au défilé des courtisans qui venaient de le saluer, il oubliait que l'empereur, en ce moment, l'appelait peut-être au pouvoir. Ces choses n'existaient pas. Il avait tout, et il ne voulait que Flavie. Si Flavie se refusait, il n'avait rien.

— Écoutez, continua-t-il, ce que j'ai fait, je l'ai fait pour vous... D'abord, c'est vrai, vous ne comptiez pas, je travaillais pour la satisfaction de mon orgueil. Puis, vous êtes devenue l'unique but de toutes mes pensées, de tous mes efforts. Je me disais que je devais monter le plus haut possible, afin de vous mériter. J'espérais vous fléchir, le jour où je mettrais à vos pieds ma puissance. Voyez où je suis aujourd'hui. N'ai-je pas gagné votre pardon? Ne me méprisez plus, je vous en conjure!

Elle n'avait pas encore parlé. Elle dit tranquillement :

— Relevez-vous, monsieur, on pourrait entrer.

Il refusa, il la supplia encore. Peut-être aurait-il attendu, s'il n'avait pas été jaloux de M. des Fondettes. C'était un tourment qui l'affolait. Puis, il se fit très humble.

— Je vois bien que vous me méprisez toujours. Eh bien ! attendez, ne donnez votre amour à personne. Je vous promets de si grandes choses, que je saurai bien vous fléchir. Il faut me pardonner, si j'ai été brutal tout à l'heure. Je n'ai plus la tête à moi... Oh ! laissez-moi espérer que vous m'aimerez un jour !

— Jamais ! prononça-t-elle avec énergie.

Et, comme il restait par terre, écrasé, elle voulut sortir. Mais, lui, la tête perdue, pris d'un accès de rage, se leva et la saisit aux poignets. Une femme le braverait ainsi, lorsque le monde était à ses pieds ! Il pouvait tout, bouleverser les États, conduire la France à son gré, et il ne pourrait obtenir l'amour de sa femme ! Lui, si fort, si puissant, lui dont les moindres désirs étaient des ordres, il n'avait plus qu'un désir, et ce désir ne serait jamais contenté, parce qu'une créature, d'une faiblesse d'enfant, refusait ! Il lui serrait les bras, il répétait d'une voix rauque :

— Je veux... je veux...

— Et moi je ne veux pas, disait Flavie toute blanche et raidie dans sa volonté.

La lutte continuait, lorsque le baron Danvilliers ouvrit la porte. A sa vue, Nantas lâcha Flavie et s'écria :

— Monsieur, voici votre fille qui revient de chez son amant... Dites-lui donc qu'une femme doit respecter le nom de son mari, même lorsqu'elle ne l'aime pas et que la pensée de son propre honneur ne l'arrête plus.

Le baron, très vieilli, restait debout sur le seuil, devant cette scène de violence. C'était pour lui une surprise douloureuse. Il croyait le ménage uni, il approuvait les rapports cérémonieux des deux époux, pensant qu'il n'y avait là qu'une tenue de convenance. Son gendre et lui étaient de deux générations différentes ; mais, s'il était blessé par l'activité peu scrupuleuse du financier, s'il condamnait certaines entreprises qu'il traitait de casse-cou, il avait dû reconnaître la force de sa volonté et sa vive intelligence. Et, brusquement, il tombait dans ce drame, qu'il ne soupçonnait pas.

Lorsque Nantas accusa Flavie d'avoir un amant, le baron, qui traitait encore sa fille mariée avec la sévérité qu'il avait pour elle à dix ans, s'avança de son pas de vieillard solennel.

— Je vous jure qu'elle sort de chez son amant, répétait Nantas, et vous la voyez ! elle est là qui me brave.

Flavie, dédaigneuse, avait tourné la tête. Elle arrangeait ses manchettes, que la brutalité de son mari avait froissées. Pas une rougeur n'était montée à son visage. Cependant, son père lui parlait.

— Ma fille, pourquoi ne vous défendez-vous pas? Votre mari dirait-il la vérité? Auriez-vous réservé cette dernière douleur à ma vieillesse?... L'affront serait aussi pour moi; car, dans une famille, la faute d'un seul membre suffit à salir tous les autres.

Alors, elle eut un mouvement d'impatience. Son père prenait bien son temps pour l'accuser ! Un instant encore, elle supporta son interrogatoire, voulant lui épargner la honte d'une explication. Mais, comme il s'emportait à son tour, en la voyant muette et provocante, elle finit par dire :

— Eh ! mon père, laissez cet homme jouer son rôle... Vous ne le connaissez pas. Ne me forcez point à parler par respect pour vous.

— Il est votre mari, reprit le vieillard. Il est le père de votre enfant.

Flavie s'était redressée, frémissante.

— Non, non, il n'est pas le père de mon enfant... A la fin, je vous dirai tout. Cet homme n'est pas même un séducteur, car ce serait une excuse au moins, s'il m'avait aimée. Cet homme s'est simplement vendu et a consenti à couvrir la faute d'un autre.

Le baron se tourna vers Nantas, qui, livide, reculait.

— Entendez-vous, mon père ! reprenait Flavie avec plus de force, il s'est vendu, vendu pour de l'argent... Je ne l'ai jamais aimé, il ne m'a jamais touchée du bout de ses doigts... J'ai voulu vous épargner une grande douleur, je l'ai acheté afin qu'il vous mentît... Regardez-le, voyez si je dis la vérité.

Nantas se cachait la face entre les mains.

— Et, aujourd'hui, continua la jeune femme, voilà qu'il veut que je l'aime... Il s'est mis à genoux et il a pleuré. Quelque comédie sans doute. Pardonnez-moi de vous avoir trompé, mon père ; mais, vraiment, est-ce que j'appartiens à cet homme ?... Maintenant que vous savez tout, emmenez-moi. Il m'a violentée tout à l'heure, je ne resterai pas ici une minute de plus.

Le baron redressa sa taille courbée. Et, silencieux, il alla donner le bras à sa fille. Tous deux traversèrent la pièce, sans que Nantas fît un geste pour les retenir. Puis, à la porte, le vieillard ne laissa tomber que cette parole :

— Adieu, monsieur.

La porte s'était refermée. Nantas restait seul, écrasé, regardant follement le vide autour de lui. Comme Germain venait d'entrer et de poser une lettre sur le bureau, il l'ouvrit machinalement et la parcourut des yeux. Cette lettre, entièrement écrite de la main de l'empereur, l'appelait au ministère des finances, en termes très obligeants. Il comprit à peine. La réalisation de toutes ses ambitions ne le touchait plus. Dans les caisses voisines, le bruit de l'or avait augmenté ; c'était l'heure où la maison Nantas ronflait, donnant le branle à tout un monde. Et lui, au milieu de ce labeur colossal qui était son œuvre, dans l'apogée de sa puissance, les yeux stupidement fixés sur l'écriture de l'empereur, poussa cette plainte d'enfant, qui était la négation de sa vie entière :

— Je ne suis pas heureux... Je ne suis pas heureux...

Il pleurait, la tête tombée sur son bureau, et ses larmes chaudes effaçaient la lettre qui le nommait ministre.

IV

Depuis dix-huit mois que Nantas était ministre des finances, il semblait s'étourdir par un travail surhumain. Au lendemain de la scène de violence qui s'était passée dans son cabinet, il avait eu avec le baron Danvilliers une entrevue ; et, sur les conseils de son père, Flavie avait consenti à rentrer au domicile conjugal. Mais les époux ne s'adressaient plus la parole, en dehors de la comédie qu'ils devaient jouer devant le monde. Nantas avait décidé qu'il ne quitterait pas son hôtel. Le soir, il amenait ses secrétaires et expédiait chez lui la besogne.

Ce fut l'époque de son existence où il fit les plus grandes choses. Une voix lui soufflait des inspirations hautes et fécondes. Sur son passage, un murmure de sympathie et d'admiration s'élevait.

Mais lui restait insensible aux éloges. On eût dit qu'il travaillait sans espoir de récompense, avec la pensée d'entasser les œuvres dans le but unique de tenter l'impossible. Chaque fois qu'il montait plus haut, il consultait le visage de Flavie. Est-ce qu'elle était touchée enfin? Est-ce qu'elle lui pardonnait son ancienne infamie, pour ne plus voir que le développement de son intelligence? Et il ne surprenait toujours aucune émotion sur le visage muet de cette femme, et il se disait, en se remettant au travail : « Allons! je ne suis point assez haut pour elle, il faut monter encore, monter sans cesse. » Il entendait forcer le bonheur, comme il avait forcé la fortune. Toute sa croyance en sa force lui revenait, il n'admettait pas d'autre levier en ce monde, car c'est la volonté de la vie qui a fait l'humanité. Quand le découragement le prenait parfois, il s'enfermait pour que personne ne pût se douter des faiblesses de sa chair. On ne devinait ses luttes qu'à ses yeux plus profonds, cerclés de noir, et où brûlait une flamme intense.

La jalousie le dévorait maintenant. Ne pas réussir à se faire aimer de Flavie, était un supplice; mais une rage l'affolait, lorsqu'il songeait qu'elle pouvait se donner à un autre. Pour affirmer sa liberté, elle était capable de s'afficher avec M. des Fondettes. Il affectait donc de ne point s'occuper d'elle, tout en agonisant d'angoisse à ses moindres absences. S'il n'avait pas craint le ridicule, il l'aurait suivie lui-même dans les rues. Ce fut alors qu'il voulut avoir près d'elle une personne dont il achèterait le dévouement.

On avait conservé mademoiselle Chuin dans la maison. Le baron était habitué à elle. D'autre part, elle savait trop de choses pour qu'on pût s'en débarrasser. Un moment, la vieille fille avait eu le projet de se retirer avec les vingt mille francs que Nantas lui avait comptés, au lendemain de son mariage. Mais sans doute elle s'était dit que la maison devenait bonne pour y pêcher en eau trouble. Elle attendait donc une nouvelle occasion, ayant fait le calcul qu'il lui fallait encore une vingtaine de mille francs, si elle voulait acheter à Roinville, son pays, la maison du notaire, qui avait fait l'admiration de sa jeunesse.

Nantas n'avait pas à se gêner avec cette vieille fille, dont les mines confites en dévotion ne pouvaient plus le tromper. Pourtant, le matin où il la fit venir dans son cabinet et où il lui proposa nettement de le tenir au courant des moindres actions de sa femme, elle feignit de se révolter, en lui demandant pour qui il la prenait.

— Voyons, mademoiselle, dit-il impatienté, je suis très pressé, on m'attend. Abrégeons, je vous prie.

Mais elle ne voulait rien entendre, s'il n'y mettait des formes. Ses principes étaient que les choses ne sont pas laides en elles-mêmes, qu'elles le deviennent ou cessent de l'être, selon la façon dont on les présente.

— Eh bien! reprit-il, il s'agit, mademoiselle, d'une bonne action... Je crains que ma femme ne me cache certains chagrins. Je la vois triste depuis quelques semaines, et j'ai songé à vous, pour obtenir des renseignements.

— Vous pouvez compter sur moi, dit-elle alors avec une effusion maternelle. Je suis dévouée à madame, je ferai tout pour son honneur et le vôtre... Dès demain, nous veillerons sur elle.

Il lui promit de la récompenser de ses services. Elle se fâcha d'abord. Puis, elle eut l'habileté de le forcer à fixer une somme : il lui donnerait dix mille francs, si elle lui fournissait une preuve formelle de la bonne ou de la mauvaise conduite de madame. Peu à peu, ils en étaient venus à préciser les choses.

Dès lors, Nantas se tourmenta moins. Trois mois s'écoulèrent, il se trouvait engagé dans une grosse besogne, la préparation du budget. D'accord avec l'empereur, il avait apporté au système financier d'importantes modifications. Il savait qu'il serait vivemént attaqué à la Chambre, et il lui fallait préparer une quantité considérable de documents. Souvent il veillait des nuits entières. Cela l'étourdissait et le rendait patient. Quand il voyait mademoiselle Chuin, il l'interrogeait d'une voix brève. Savait-elle quelque chose? madame avait-elle fait beaucoup de visites? s'était-elle particulièrement arrêtée dans certaines maisons? Mademoiselle Chuin tenait un journal détaillé. Mais elle n'avait encore recueilli que des faits sans importance. Nantas se rassurait, tandis que la vieille clignait les yeux parfois, en répétant que, bientôt peut-être, elle aurait du nouveau.

La vérité était que mademoiselle Chuin avait fortement réfléchi. Dix mille francs ne faisaient pas son compte, il lui en fallait vingt mille, pour acheter la maison du notaire. Elle eut d'abord l'idée de se vendre à la femme, après s'être vendue au mari. Mais elle connaissait madame, elle craignit d'être chassée au premier mot. Depuis longtemps, avant même qu'on la chargeât de cette besogne, elle l'avait espionnée pour son compte, en se disant que les vices des maîtres sont la fortune des valets ; et elle s'était heurtée à une de ces honnêtetés d'autant plus solides, qu'elles s'appuient sur l'orgueil. Flavie gardait de sa faute une rancune à tous les hommes. Aussi mademoiselle Chuin se désespérait-elle, lorsqu'un jour elle rencontra M. des Fondettes. Il la questionna si vivement sur sa maîtresse, qu'elle comprit tout d'un coup qu'il la désirait follement, brûlé par le souvenir de la minute où il l'avait tenue dans ses bras. Et son plan fut arrêté : servir à la fois le mari et l'amant, là était la combinaison de génie.

Justement, tout venait à point. M. des Fondettes, repoussé, désormais sans espoir, aurait donné sa fortune pour posséder encore cette femme qui lui avait appartenu. Ce fut lui qui, le premier, tâta mademoiselle Chuin. Il la revit, joua le sentiment, en jurant qu'il se tuerait, si elle ne l'aidait pas. Au bout de huit jours, après une grande dépense de sensibilité et de scrupules, l'affaire était faite : il donnerait dix mille francs, et elle, un soir, le cacherait dans la chambre de Flavie.

Le matin, mademoiselle Chuin alla trouver Nantas.

— Qu'avez-vous appris? demanda-t-il en pâlissant.

Mais elle ne précisa rien d'abord. Madame avait pour sûr une liaison. Même elle donnait des rendez-vous.

— Au fait, au fait, répétait-il, furieux d'impatience.

Enfin, elle nomma M. des Fondettes.

— Ce soir, il sera dans la chambre de madame.

— C'est bien, merci, balbutia Nantas.

Il la congédia du geste, il avait peur de défaillir devant elle. Ce brusque renvoi l'étonnait et l'enchantait, car elle s'était attendue à un long interrogatoire, et elle avait même préparé ses réponses, pour ne pas s'embrouiller. Elle fit une révérence, elle se retira, en prenant une figure dolente.

Nantas s'était levé. Dès qu'il fut seul, il parla tout haut.

— Ce soir... dans sa chambre...

Et il portait les mains à son crâne, comme s'il l'avait entendu craquer. Ce rendez-vous, donné au domicile conjugal, lui semblait monstrueux d'impudence. Il ne pouvait se laisser outrager ainsi. Ses poings de lutteur se serraient, une rage le faisait rêver d'assassinat. Pourtant, il avait à finir un travail. Trois fois, il se rassit devant son bureau, et trois fois un soulèvement de tout son corps le remit debout ; tandis que, derrière lui, quelque chose le poussait, un besoin de monter sur-le-champ chez sa femme, pour la traiter de catin. Enfin, il se vainquit, il se remit à la besogne, en jurant qu'il les étranglerait, le soir. Ce fut la plus grande victoire qu'il remporta jamais sur lui-même.

L'après-midi, Nantas alla soumettre à l'empereur le projet définitif du budget. Celui-ci lui ayant fait quelques objections, il les discuta avec une lucidité parfaite. Mais il lui fallut promettre de modifier toute une partie de son travail. Le projet devait être déposé le lendemain.

— Sire, je passerai la nuit, dit-il.

Et, en revenant, il pensait : « Je les tuerai à minuit, et j'aurai ensuite jusqu'au jour pour terminer ce travail. »

Le soir, au dîner, le baron Danvilliers causa précisément de ce projet de budget, qui faisait grand bruit. Lui, n'approuvait pas toutes les idées de son gendre en matière de finances. Mais il les trouvait très larges, très remarquables. Pendant qu'il répondait au baron, Nantas, à plusieurs reprises, crut surprendre les yeux de sa femme fixés sur les siens. Souvent, maintenant, elle le regardait ainsi. Son regard ne s'attendrissait pas, elle l'écoutait simplement et semblait chercher à lire au delà de son visage. Nantas pensa qu'elle craignait d'avoir été trahie. Aussi fit-il un effort pour paraître d'esprit dégagé : il causa beaucoup, s'éleva très haut, finit par convaincre son beau-père, qui céda devant sa grande intelligence. Flavie le regardait toujours ; et une mollesse à peine sensible avait un instant passé sur sa face.

Jusqu'à minuit, Nantas travailla dans son cabinet. Il s'était passionné peu à peu, plus rien n'existait que cette création, ce mécanisme financier qu'il avait lentement construit, rouage à rouage, au travers d'obstacles sans nombre. Quand la pendule sonna minuit, il leva instinctivement la tête. Un grand silence régnait dans l'hôtel. Tout d'un coup, il se souvint, l'adultère était là, au fond de cette ombre et de ce silence. Mais ce fut pour lui une peine que de quitter son fauteuil : il posa la plume à regret, fit quelques pas comme pour obéir à une volonté ancienne, qu'il ne retrouvait plus. Puis, une chaleur lui empourpra la face, une flamme alluma ses yeux. Et il monta à l'appartement de sa femme.

Ce soir-là, Flavie avait congédié de bonne

heure sa femme de chambre. Elle voulait être seule. Jusqu'à minuit, elle resta dans le petit salon qui précédait sa chambre à coucher. Allongée sur une causeuse, elle avait pris un livre ; mais, à chaque instant, le livre tombait de ses mains, et elle songeait, les yeux perdus. Son visage s'était encore adouci, un sourire pâle y passait par moments.

Elle se leva en sursaut: On avait frappé.

— Qui est là?

— Ouvrez, répondit Nantas.

Ce fut pour elle une si grande surprise, qu'elle ouvrit machinalement. Jamais son mari ne s'était ainsi présenté chez elle. Il entra, bouleversé ; la colère l'avait repris, en montant. Mademoiselle Chuin, qui le guettait sur le palier, venait de lui murmurer à l'oreille que M. des Fondettes était là depuis deux heures. Aussi ne montra-t-il aucun ménagement.

— Madame, dit-il, un homme est caché dans votre chambre.

Flavie ne répondit pas tout de suite, tellement sa pensée était loin. Enfin, elle comprit.

— Vous êtes fou, monsieur, murmura-t-elle.

Mais, sans s'arrêter à discuter, il marchait

déjà vers la chambre. Alors, d'un bond, elle se mit devant la porte, en criant :

— Vous n'entrerez pas... Je suis ici chez moi, et je vous défends d'entrer !

Frémissante, grandie, elle gardait la porte. Un instant, ils restèrent immobiles, sans une parole, les yeux dans les yeux. Lui, le cou tendu, les mains en avant, allait se jeter sur elle, pour passer.

— Otez-vous de là, murmura-t-il d'une voix rauque. Je suis plus fort que vous, j'entrerai quand même.

— Non, vous n'entrerez pas, je ne veux pas.

Follement, il répétait :

— Il y a un homme, il y a un homme...

Elle, ne daignant même pas lui donner un démenti, haussait les épaules. Puis, comme il faisait encore un pas :

— Eh bien ! mettons qu'il y ait un homme, qu'est-ce que cela peut vous faire ? Ne suis-je pas libre ?

Il recula devant ce mot qui le cinglait comme un soufflet. En effet, elle était libre. Un grand froid le prit aux épaules, il sentit nettement qu'elle avait le rôle supérieur, et que lui jouait là une scène d'enfant malade et illogique. Il n'observait pas le traité, sa stupide passion le rendait odieux. Pourquoi n'était-il pas resté à travailler dans son cabinet ? Le sang se retirait de ses joues, une ombre d'indicible souffrance blêmit son visage. Lorsque Flavie remarqua le bouleversement qui se faisait en lui, elle s'écarta de la porte, tandis qu'une douceur attendrissait ses yeux.

— Voyez, dit-elle simplement.

Et elle-même entra dans la chambre, une lampe à la main, tandis que Nantas demeurait sur le seuil. D'un geste, il lui avait dit que c'était inutile, qu'il ne voulait pas voir. Mais elle, maintenant, insistait. Comme elle arrivait devant le lit, elle souleva les rideaux, et M. des Fondettes apparut, caché derrière. Ce fut pour elle une telle stupeur, qu'elle eut un cri d'épouvante.

— C'est vrai, balbutia-t-elle éperdue, c'est vrai, cet homme était là... Je l'ignorais, oh ! sur ma vie, je vous le jure !

Puis, par un effort de volonté, elle se calma, elle parut même regretter ce premier mouvement qui venait de la pousser à se défendre.

— Vous aviez raison, monsieur, et je vous demande pardon, dit-elle à Nantas, en tâchant de retrouver sa voix froide.

Cependant, M. des Fondettes se sentait ridicule. Il faisait une mine sotte, il aurait donné beaucoup pour que le mari se fâchât. Mais Nantas se taisait. Il était simplement devenu très pâle. Quand il eut reporté ses regards de M. des Fondettes à Flavie, il s'inclina devant cette dernière, en prononçant cette seule phrase :

— Madame, excusez-moi, vous êtes libre.

Et il tourna le dos, il s'en alla. En lui, quelque chose venait de se casser ; seul, le mécanisme des muscles et des os fonctionnait encore. Lorsqu'il se retrouva dans son cabinet, il marcha droit à un tiroir où il cachait un revolver. Après avoir examiné cette arme, il dit tout haut, comme pour prendre un engagement formel vis-à-vis de lui-même :

— Allons, c'est assez, je me tuerai tout à l'heure.

Il remonta la lampe qui baissait, il s'assit devant son bureau et se remit tranquillement à la besogne. Sans une hésitation, au milieu du grand silence, il continua la phrase commencée. Un à un, méthodiquement, les feuillets s'entassaient. Deux heures plus tard, lorsque Flavie, qui avait chassé M. des Fondettes, descendit pieds nus pour écouter à la porte du cabinet, elle n'entendit que le petit bruit de la plume craquant sur le papier. Alors, elle se pencha, elle mit un œil au trou de la serrure. Nantas écrivait toujours avec le même calme, son visage exprimait la paix et la satisfaction du travail, tandis qu'un rayon de la lampe allumait le canon du revolver, près de lui.

V

La maison attenante au jardin de l'hôtel était maintenant la propriété de Nantas, qui l'avait achetée à son beau-père. Par un caprice, il défendait d'y louer l'étroite mansarde, où, pendant deux mois, il s'était débattu contre la misère, lors de son arrivée à Paris. Depuis sa grande fortune, il avait éprouvé, à diverses reprises, le besoin de monter s'y enfermer pour quelques heures. C'était là qu'il avait souffert, c'était là qu'il voulait triompher. Lorsqu'un obstacle se présentait, il aimait aussi à y réfléchir, à y prendre les grandes déterminations de sa vie. Il y redevenait ce qu'il était autrefois. Aussi, devant la nécessité du suicide, était-ce dans cette mansarde qu'il avait résolu de mourir.

Le matin, Nantas n'eut fini son travail que

vers huit heures. Craignant que la fatigue ne l'assoupît, il se lava à grande eau. Puis, il appela successivement plusieurs employés, pour leur donner des ordres. Lorsque son secrétaire fut arrivé, il eut avec lui un entretien : le secrétaire devait porter sur-le-champ le projet de budget aux Tuileries, et fournir certaines explications, si l'empereur soulevait des objections nouvelles. Dès lors, Nantas crut avoir assez fait. Il laissait tout en ordre, il ne partirait pas comme un banqueroutier frappé de démence. Enfin, il s'appartenait, il pouvait disposer de lui, sans qu'on l'accusât d'égoïsme et de lâcheté.

Neuf heures sonnèrent. Il était temps. Mais, comme il allait quitter son cabinet, en emportant le revolver, il eut une dernière amertume à boire. Mademoiselle Chuin se présenta pour toucher les dix mille francs promis. Il la paya, et dut subir sa familiarité. Elle se montrait maternelle, elle le traitait un peu comme un élève qui a réussi. S'il avait encore hésité, cette complicité honteuse l'aurait décidé au suicide. Il monta vivement et, dans sa hâte, laissa la clef sur la porte.

Rien n'était changé. Le papier avait les mêmes déchirures, le lit, la table et la chaise se trouvaient toujours là, avec leur odeur de pauvreté ancienne.

Il respira un moment cet air qui lui rappelait les luttes d'autrefois. Puis, il s'approcha de la fenêtre et il aperçut la même échappée de Paris, les arbres de l'hôtel, la Seine, les quais, tout un coin de la rive droite, où le flot des maisons roulait, se haussait, se confondait, jusqu'aux lointains du Père-Lachaise.

Le revolver était sur la table boiteuse, à portée de sa main. Maintenant, il n'avait plus de hâte, il était certain que personne ne viendrait et qu'il se tuerait à sa guise. Il songeait et se disait qu'il se retrouvait au même point que jadis, ramené au même lieu, dans la même volonté du suicide. Un soir déjà, à cette place, il avait voulu se casser la tête ; il était trop pauvre alors pour acheter un pistolet, il n'avait que le pavé de la rue, mais la mort était quand même au bout. Ainsi, dans l'existence, il n'y avait donc que la mort qui ne trompât pas, qui se montrât toujours sûre et toujours prête. Il ne connaissait qu'elle de solide, il avait beau chercher, tout s'était continuellement effondré sous lui, la mort seule restait une certitude. Et il éprouva le regret d'avoir vécu dix ans de trop. L'expérience qu'il avait faite de la vie, en montant à la fortune et au pouvoir, lui paraissait puérile. A quoi bon cette dépense de volonté, à quoi bon tant de force produite, puisque, décidément, la volonté et la force n'étaient pas tout ? Il avait suffi d'une passion pour le détruire, il s'était pris sottement à aimer Flavie, et le monument qu'il bâtissait, craquait, s'écroulait comme un château de cartes, emporté par l'haleine d'un enfant. C'était misérable, cela ressemblait à la punition d'un écolier maraudeur, sous lequel la branche casse, et qui périt par où il a péché. La vie était bête, les hommes supérieurs y finissaient aussi platement que les imbéciles.

Nantas avait pris le revolver sur la table et l'armait lentement. Un dernier regret le fit mollir une seconde, à ce moment suprême. Que de grandes choses il aurait réalisées, si Flavie l'avait compris ! Le jour où elle se serait jetée à son cou, en lui disant : « Je t'aime ! » ce jour-là, il aurait trouvé un levier pour soulever le monde. Et sa dernière pensée était un grand dédain de la force, puisque la force, qui devait tout lui donner, n'avait pu lui donner Flavie.

Il leva son arme. La matinée était superbe. Par la fenêtre grande ouverte, le soleil entrait, mettant un éveil de jeunesse dans la mansarde. Au loin, Paris commençait son labeur de ville géante. Nantas appuya le canon sur sa tempe.

Mais la porte s'était violemment ouverte, et Flavie entra. D'un geste, elle détourna le coup, la balle alla s'enfoncer dans le plafond. Tous deux se regardaient. Elle était si essoufflée, si étranglée, qu'elle ne pouvait parler. Enfin, tutoyant Nantas pour la première fois, elle trouva le mot qu'il attendait, le seul mot qui pût le décider à vivre :

— Je t'aime! cria-t-elle à son cou, sanglotante, arrachant cet aveu à son orgueil, à tout son être dompté, je t'aime parce que tu es fort!

LA
MORT D'OLIVIER BÉCAILLE

LA MORT D'OLIVIER BÉCAILLE

I

C'est un samedi, à six heures du matin, que je suis mort, après trois jours de maladie. Ma pauvre femme fouillait depuis un instant dans la malle, où elle cherchait du linge. Lorsqu'elle s'est relevée et qu'elle m'a vu rigide, les yeux ouverts, sans un souffle, elle est accourue, croyant à un évanouissement, me touchant les mains, se penchant sur mon visage. Puis, la terreur l'a prise ; et, affolée, elle a bégayé, en éclatant en larmes :

— Mon Dieu ! mon Dieu ! il est mort !

J'entendais tout, mais les sons affaiblis semblaient venir de très loin. Seul, mon œil gauche percevait encore une lueur confuse, une lumière blanchâtre où les objets se fondaient ; l'œil droit se trouvait complètement paralysé. C'était une syncope de mon être entier, comme un coup de foudre qui m'avait anéanti. Ma volonté était morte, plus une fibre de ma chair ne m'obéissait. Et, dans ce néant, au-dessus de mes membres inertes, la pensée seule demeurait, lente et paresseuse, mais d'une netteté parfaite.

Ma pauvre Marguerite pleurait, tombée à genoux devant le lit, répétant d'une voix déchirée :

— Il est mort, mon Dieu ! il est mort !

Était-ce donc la mort, ce singulier état de torpeur, cette chair frappée d'immobilité, tandis que l'intelligence fonctionnait toujours? Était-ce mon âme qui s'attardait ainsi dans mon crâne, avant de prendre son vol? Depuis mon enfance, j'étais sujet à des crises nerveuses. Deux fois, tout jeune, des fièvres aiguës avaient failli m'emporter. Puis, autour de moi, on s'était habitué à me voir maladif; et moi-même j'avais défendu à Marguerite d'aller chercher un médecin, lorsque je m'étais couché le matin de notre arrivée à Paris, dans cet hôtel meublé de la rue Dauphine. Un peu de repos suffirait, c'était la fatigue du voyage qui me courbaturait ainsi. Pourtant, je me sentais plein d'une angoisse affreuse. Nous avions quitté brusquement notre province, très pauvres, ayant à peine de quoi attendre les appointements de mon premier mois, dans l'administration où je m'étais assuré une place. Et voilà qu'une crise subite m'emportait !

Était-ce bien la mort ? Je m'étais imaginé une nuit plus noire, un silence plus lourd. Tout petit, j'avais déjà peur de mourir. Comme j'étais débile et que les gens me caressaient avec compassion, je pensais constamment que je ne vivrais pas, qu'on m'enterrerait de bonne heure. Et cette pensée de la terre me causait une épouvante, à laquelle je ne pouvais m'habituer, bien qu'elle me hantât nuit et jour. En grandissant, j'avais gardé cette idée fixe. Parfois, après des journées de réflexion, je croyais avoir vaincu ma peur. Eh bien ! on mourait, c'était fini ; tout le monde mourait un jour ; rien ne devait être plus commode ni meilleur. J'arrivais presque à être gai, je regardais la mort en face. Puis, un frisson brusque me glaçait, me rendait à mon vertige, comme si une main géante m'eût balancé au-dessus d'un gouffre noir. C'était la pensée de la terre qui revenait et emportait mes raisonnements. Que de fois, la nuit, je me suis réveillé en sursaut, ne sachant quel souffle avait passé sur mon sommeil, joignant les mains avec désespoir, balbutiant : « Mon Dieu ! mon Dieu ! il faut mourir ! » Une anxiété me serrait la poitrine, la nécessité de la mort me paraissait plus abominable, dans l'étourdissement du réveil. Je ne me rendormais qu'avec peine, le sommeil m'inquiétait, tellement il ressemblait à la mort. Si j'allais dormir toujours ! Si je fermais les yeux pour ne les rouvrir jamais !

J'ignore si d'autres ont souffert ce tourment. Il a désolé ma vie. La mort s'est dressée entre moi et tout ce que j'ai aimé. Je me souviens des plus heureux instants que j'ai passés avec Marguerite. Dans les premiers mois de notre mariage, lorsqu'elle dormait la nuit à mon côté, lorsque je songeais à elle en faisant des rêves d'avenir, sans cesse l'attente d'une séparation fatale gâtait mes joies, détruisait mes espoirs. Il faudrait nous quitter, peut-être demain, peut-être dans une heure. Un immense découragement me prenait, je me demandais à quoi bon le bonheur d'être ensemble, puisqu'il devait aboutir à un déchirement si cruel. Alors, mon imagination se plaisait dans le deuil. Qui partirait le premier, elle ou moi ? Et l'une ou l'autre alternative m'attendrissait aux larmes, en déroulant le tableau de nos vies brisées. Aux meilleures époques de mon existence, j'ai eu ainsi des mélancolies soudaines que personne ne comprenait. Lorsqu'il m'arrivait une bonne chance, on s'étonnait de me voir sombre. C'était que, tout d'un coup, l'idée de mon néant avait traversé ma joie. Le terrible : « A quoi bon ? » sonnait comme un glas à mes oreilles. Mais le pis de ce tourment, c'est qu'on l'endure dans une honte secrète. On n'ose dire son mal à personne. Souvent le mari et la femme, couchés côte à côte, doivent frissonner du même frisson, quand la lumière est éteinte ; et ni l'un ni l'autre ne parle, car on ne parle pas de la mort, pas plus qu'on ne prononce certains mots obscènes. On a peur d'elle jusqu'à ne point la nommer, on la cache comme on cache son sexe.

Je réfléchissais à ces choses, pendant que ma chère Marguerite continuait à sangloter. Cela me faisait grand'peine de ne savoir comment calmer son chagrin, en lui disant que je ne souffrais pas. Si la mort n'était que cet évanouissement de la chair, en vérité j'avais eu tort de la tant redouter. C'était un bien-être égoïste, un repos dans lequel j'oubliais mes soucis. Ma mémoire surtout avait pris une vivacité extraordinaire. Rapidement, mon existence entière passait devant moi, ainsi qu'un spectacle auquel je me sentais désormais étranger. Sensation étrange et curieuse qui m'amusait : on aurait dit une voix lointaine qui me racontait mon histoire.

Il y avait un coin de campagne, près de Guérande, sur la route de Piriac, dont le souvenir me poursuivait. La route tourne, un petit bois de pins descend à la débandade une pente rocheuse. Lorsque j'avais sept ans, j'allais là avec mon père, dans une maison à demi écroulée, manger des crêpes chez les parents de Marguerite, des paludiers qui vivaient déjà péniblement des salines voisines. Puis, je me rappelais le collège de Nantes où j'avais grandi, dans l'ennui des vieux murs, avec le continuel désir du large horizon de Guérande, les marais salants à perte de vue, au bas de la ville, et la mer immense, étalée sous le ciel. Là, un trou noir se creusait : mon père mourait, j'entrais à l'administration de l'hôpital comme employé, je commençais une vie monotone, ayant pour unique joie mes visites du dimanche à la vieille maison de la route de Piriac. Les choses y marchaient de mal en pis, car les salines ne rapportaient presque plus rien, et le pays tombait à une grande misère. Marguerite n'était encore qu'une enfant. Elle m'aimait, parce que je la promenais dans une brouette. Mais, plus tard, le matin où je la demandai en mariage, je compris, à son geste effrayé, qu'elle me trouvait affreux. Les parents me l'avaient donnée tout de suite ; ça les débarrassait. Elle, soumise, n'avait pas dit non. Quand elle se fut habituée à l'idée d'être ma femme, elle ne parut plus trop ennuyée. Le jour du mariage, à Guérande, je me souviens qu'il pleuvait à torrents ; et, quand nous rentrâmes, elle dut se mettre en jupon, car sa robe était trempée.

Voilà toute ma jeunesse. Nous avons vécu quelque temps là-bas. Puis, un jour, en rentrant, je surpris ma femme pleurant à chaudes larmes. Elle s'ennuyait, elle voulait partir. Au bout de six mois, j'avais des économies, faites sou à sou, à l'aide de travaux supplémentaires ; et, comme un ancien ami de ma famille s'était occupé de me trouver une place à Paris, j'emmenai la chère enfant, pour qu'elle ne pleurât plus. En chemin de fer, elle riait. La nuit, la banquette des troisièmes classes étant très dure, je la pris sur mes genoux, afin qu'elle pût dormir mollement.

C'était là le passé. Et, à cette heure, je venais de mourir sur cette couche étroite d'hôtel meublé, tandis que ma femme, tombée à genoux sur le carreau, se lamentait. La tache blanche que percevait mon œil gauche pâlissait peu à peu ; mais je me rappelais très nettement la chambre. A gauche, était la commode ; à droite, la cheminée, au milieu de laquelle une pendule détraquée, sans balancier, marquait dix heures six minutes. La fenêtre s'ouvrait sur la rue Dauphine, noire et profonde. Tout Paris passait là, et dans un tel vacarme, que j'entendais les vitres trembler.

Nous ne connaissions personne à Paris. Comme nous avions pressé notre départ, on ne m'attendait que le lundi suivant à mon administration. Depuis que j'avais dû prendre le lit, c'était une étrange sensation que cet emprisonnement dans cette chambre, où le voyage venait de nous jeter, encore effarés de quinze heures de chemin de fer, étourdis du tumulte des rues. Ma femme m'avait soigné avec sa douceur souriante ; mais je sentais combien elle était troublée. De temps à autre, elle s'approchait de la fenêtre, donnait un coup d'œil à la rue, puis revenait toute pâle, effrayée par ce grand Paris dont elle ne connaissait pas une pierre et qui grondait si terriblement. Et qu'allait-elle faire, si je ne me réveillais plus ? qu'allait-elle devenir dans cette ville immense, seule, sans un soutien, ignorante de tout ?

Marguerite avait pris une de mes mains qui pendait, inerte au bord du lit; et elle la baisait, et elle répétait follement :

— Olivier, réponds-moi... Mon Dieu! il est mort! il est mort!

La mort n'était donc pas le néant, puisque j'entendais et que je raisonnais. Seul, le néant m'avait terrifié, depuis mon enfance. Je ne m'imaginais pas la disparition de mon être, la suppression totale de ce que j'étais ; et cela pour toujours, pendant des siècles et des siècles encore, sans que jamais mon existence pût recommencer. Je frissonnais parfois, lorsque je trouvais dans un journal une date future du siècle prochain : je ne vivrais certainement plus à cette date, et cette année d'un avenir que je ne verrais pas, où je ne serais pas, m'emplissait d'angoisse. N'étais-je pas le monde, et tout ne croulerait-il pas, lorsque je m'en irais?

Rêver de la vie dans la mort, tel avait toujours été mon espoir. Mais ce n'était pas la mort sans doute. J'allais certainement me réveiller tout à l'heure. Oui, tout à l'heure, je me pencherais et je saisirais Marguerite entre mes bras, pour sécher ses larmes. Quelle joie de nous retrouver! et comme nous nous aimerions davantage! Je prendrais encore deux jours de repos, puis j'irais à mon administration. Une vie nouvelle commencerait pour nous, plus heureuse, plus large. Seulement, je n'avais pas de hâte. Tout à l'heure, j'étais trop accablé. Marguerite avait tort de se désespérer ainsi, car je ne me sentais pas la force de tourner la tête sur l'oreiller pour lui sourire. Tout à l'heure, lorsqu'elle dirait de nouveau :

— Il est mort! mon Dieu! il est mort!

Je l'embrasserais, je murmurerais très bas, afin de ne pas l'effrayer :

— Mais non, chère enfant. Je dormais. Tu vois bien que je vis et que je t'aime.

II

Aux cris que Marguerite poussait, la porte a été brusquement ouverte, et une voix s'est écriée :

— Qu'y a-t-il donc, ma voisine ?... Encore une crise, n'est-ce pas ?

J'ai reconnu la voix. C'était celle d'une vieille femme, madame Gabin, qui demeurait sur le même palier que nous. Elle s'était montrée très obligeante, dès notre arrivée, émue par notre position. Tout de suite, elle nous avait raconté son histoire. Un propriétaire intraitable lui avait vendu ses meubles, l'hiver dernier; et, depuis ce temps, elle logeait à l'hôtel, avec sa fille Adèle, une gamine de dix ans. Toutes deux découpaient des abat-jour, c'était au plus si elles gagnaient quarante sous à cette besogne.

— Mon Dieu! est-ce que c'est fini? demanda-t-elle en baissant la voix.

Je compris qu'elle s'approchait. Elle me regarda, me toucha, puis elle reprit avec pitié :

— Ma pauvre petite! ma pauvre petite!

Marguerite, épuisée, avait des sanglots d'enfant. Madame Gabin la souleva, l'assit dans le fauteuil boiteux qui se trouvait près de la cheminée; et, là, elle tâcha de la consoler.

— Vrai, vous allez vous faire du mal. Ce n'est pas parce que votre mari est parti, que vous devez vous crever de désespoir. Bien sûr, quand j'ai perdu Gabin, j'étais pareille à vous, je suis restée trois jours sans pouvoir avaler gros comme ça de nourriture. Mais ça ne m'a avancée à rien; au contraire, ça m'a enfoncée davantage... Voyons, pour l'amour de Dieu! soyez raisonnable.

Peu à peu, Marguerite se tut. Elle était à bout de force; et, de temps à autre, une crise de larmes la secouait encore. Pendant ce temps, la vieille femme prenait possession de la chambre, avec une autorité bourrue.

— Ne vous occupez de rien, répétait-elle. Justement, Dédé est allée reporter l'ouvrage; puis, entre voisins, il faut bien s'entr'aider... Dites donc, vos malles ne sont pas encore complètement défaites ; mais il y a du linge dans la commode, n'est-ce pas?

Je l'entendis ouvrir la commode. Elle dut prendre une serviette, qu'elle vint étendre sur la table de nuit. Ensuite, elle frotta une allumette, ce qui me fit penser qu'elle allumait près de moi une des bougies de la cheminée, en guise de cierge. Je suivais chacun de ses mouvements dans la chambre, je me rendais compte de ses moindres actions.

— Ce pauvre monsieur ! murmura-t-elle. Heureusement que je vous ai entendue crier, ma chère.

Et, tout d'un coup, la lueur vague que je voyais encore de mon œil gauche, disparut. Madame Gabin venait de me fermer les yeux. Je n'avais pas eu la sensation de son doigt sur ma paupière. Quand j'eus compris, un léger froid commença à me glacer.

Mais la porte s'était rouverte. Dédé, la gamine de dix ans, entrait en criant de sa voix flûtée :

— Maman ! maman ! ah ! je savais bien que tu étais ici !... Tiens, voilà ton compte, trois francs quatre sous... J'ai rapporté vingt douzaines d'abat-jour...

— Chut ! chut ! tais-toi donc ! répétait vainement la mère.

Comme la petite continuait, elle lui montra le lit. Dédé s'arrêta, et je la sentis inquiète, reculant vers la porte.

— Est-ce que le monsieur dort ? demanda-t-elle très bas.

— Oui, va-t'en jouer, répondit madame Gabin.

Mais l'enfant ne s'en allait pas. Elle devait me regarder de ses yeux agrandis, effarée et comprenant vaguement. Brusquement, elle parut prise d'une peur folle, elle se sauva en culbutant une chaise.

— Il est mort, oh ! maman, il est mort.

Un profond silence régna. Marguerite, accablée dans le fauteuil, ne pleurait plus. Madame Gabin rôdait toujours par la chambre. Elle se remit à parler entre ses dents.

— Les enfants savent tout, au jour d'aujourd'hui. Voyez celle-là. Dieu sait si je l'élève bien ! Lorsqu'elle va faire une commission ou que je l'envoie reporter l'ouvrage, je calcule les minutes, pour être sûre qu'elle ne galopine pas... Ça ne fait rien, elle sait tout, elle a vu d'un coup d'œil ce qu'il en était. Pourtant, on ne lui a jamais montré qu'un mort, son oncle François, et, à cette époque, elle n'avait pas quatre ans... Enfin, il n'y a plus d'enfants, que voulez-vous !

Elle s'interrompit, elle passa sans transition à un autre sujet.

— Dites donc, ma petite, il faut songer aux formalités, la déclaration à la mairie, puis tous les détails du convoi. Vous n'êtes pas en état de vous occuper de ça. Moi, je ne veux pas vous laisser seule... Hein? si vous le permettez, je vais voir si monsieur Simoneau est chez lui.

Marguerite ne répondit pas. J'assistais à toutes ces scènes comme de très loin. Il me semblait, par moments, que je volais, ainsi qu'une flamme subtile, dans l'air de la chambre, tandis qu'un étranger, une masse informe reposait inerte sur le lit. Cependant, j'aurais voulu que Marguerite refusât les services de ce Simoneau. Je l'avais aperçu trois ou quatre fois durant ma courte maladie. Il habitait une chambre voisine et se montrait très serviable. Madame Gabin nous avait raconté qu'il se trouvait simplement de passage à Paris, où il venait recueillir d'anciennes créances de son père, retiré en province et mort dernièrement. C'était un grand garçon, très beau, très fort. Je le détestais, peut-être parce qu'il se portait bien. La veille, il était encore entré, et j'avais souffert de le voir assis près de Marguerite. Elle était si jolie, si blanche à côté de lui!

Et il l'avait regardée si profondément, pendant qu'elle lui souriait, en disant qu'il était bien bon de venir ainsi prendre de mes nouvelles !

— Voici monsieur Simoneau, murmura madame Gabin, qui rentrait.

Il poussa doucement la porte, et, dès qu'elle l'aperçut, Marguerite de nouveau éclata en larmes. La présence de cet ami, du seul homme qu'elle connût, réveillait en elle sa douleur. Il n'essaya pas de la consoler. Je ne pouvais le voir ; mais, dans les ténèbres qui m'enveloppaient, j'évoquais sa figure, et je le distinguais nettement, troublé, chagrin de trouver la pauvre femme dans un tel désespoir. Et qu'elle devait être belle pourtant, avec ses cheveux blonds dénoués, sa face pâle, ses chères petites mains d'enfant brûlantes de fièvre !

— Je me mets à votre disposition, madame, murmura Simoneau. Si vous voulez bien me charger de tout...

Elle ne lui répondit que par des paroles entrecoupées. Mais, comme le jeune homme se retirait, madame Gabin l'accompagna, et je l'entendis qui parlait d'argent, en passant près de moi. Cela coûtait toujours très cher ; elle craignait bien que la pauvre petite n'eût pas un sou.

En tout cas, on pouvait la questionner. Simoneau fit taire la vieille femme. Il ne voulait pas qu'on tourmentât Marguerite. Il allait passer à la mairie et commander le convoi.

Quand le silence recommença, je me demandai si ce cauchemar durerait longtemps ainsi. Je vivais, puisque je percevais les moindres faits extérieurs. Et je commençais à me rendre un compte exact de mon état. Il devait s'agir d'un de ces cas de catalepsie dont j'avais entendu parler. Déjà, quand j'étais enfant, à l'époque de ma grande maladie nerveuse, j'avais eu des syncopes de plusieurs heures. Évidemment, c'était une crise de cette nature qui me tenait rigide, comme mort, et qui trompait tout le monde autour de moi. Mais le cœur allait reprendre ses battements, le sang circulerait de nouveau dans la détente des muscles; et je m'éveillerais, et je consolerais Marguerite. En raisonnant ainsi, je m'exhortai à la patience.

Les heures passaient. Madame Gabin avait apporté son déjeuner. Marguerite refusait toute nourriture. Puis, l'après-midi s'écoula. Par la fenêtre laissée ouverte, montaient les bruits de la rue Dauphine. A un léger tintement du cuivre du chandelier sur le marbre de la table de nuit, il me sembla qu'on venait de changer la bougie. Enfin, Simoneau reparut.

— Eh bien? lui demanda à demi-voix la vieille femme.

— Tout est réglé, répondit-il. Le convoi est pour demain onze heures... Ne vous inquiétez de rien et ne parlez pas de ces choses devant cette pauvre femme.

Madame Gabin reprit quand même :

— Le médecin des morts n'est pas venu encore.

Simoneau alla s'asseoir près de Marguerite, l'encouragea, et se tut. Le convoi était pour le lendemain onze heures : cette parole retentissait dans mon crâne comme un glas. Et ce médecin qui ne venait point, ce médecin des morts, comme le nommait madame Gabin! Lui, verrait bien tout de suite que j'étais simplement en léthargie. Il ferait le nécessaire, il saurait m'éveiller. Je l'attendais dans une impatience affreuse.

Cependant, la journée s'écoula. Madame Gabin, pour ne pas perdre son temps, avait fini par apporter ses abat-jour. Même, après en avoir demandé la permission à Marguerite, elle fit venir Dédé, parce que, disait-elle, elle n'aimait guère laisser les enfants longtemps seuls.

— Allons, entre, murmura-t-elle en amenant

la petite, et ne fais pas la bête, ne regarde pas de ce côté, ou tu auras affaire à moi.

Elle lui défendait de me regarder, elle trouvait cela plus convenable. Dédé, sûrement, glissait des coups d'œil de temps à autre, car j'entendais sa mère lui allonger des claques sur les bras. Elle lui répétait furieusement :

— Travaille, ou je te fais sortir. Et, cette nuit, le monsieur ira te tirer les pieds.

Toutes deux, la mère et la fille, s'étaient installées devant notre table. Le bruit de leurs ciseaux découpant les abat-jour me parvenait distinctement ; ceux-là, très délicats, demandaient sans doute un découpage compliqué, car elles n'allaient pas vite : je les comptais un à un, pour combattre mon angoisse croissante.

Et, dans la chambre, il n'y avait que le petit bruit des ciseaux. Marguerite, vaincue par la fatigue, devait s'être assoupie. A deux reprises, Simoneau se leva. L'idée abominable qu'il profitait du sommeil de Marguerite, pour effleurer des lèvres ses cheveux, me torturait. Je ne connaissais pas cet homme, et je sentais qu'il aimait ma femme. Un rire de la petite Dédé acheva de m'irriter.

— Pourquoi ris-tu, imbécile ? lui demanda sa

mère. Je vais te mettre sur le carré... Voyons, réponds, qu'est-ce qui te fait rire ?

L'enfant balbutiait. Elle n'avait pas ri, elle avait toussé. Moi, je m'imaginais qu'elle devait avoir vu Simoneau se pencher vers Marguerite, et que cela lui paraissait drôle.

La lampe était allumée, lorsqu'on frappa.

— Ah! voici le médecin, dit la vieille femme.

C'était le médecin, en effet. Il ne s'excusa même pas de venir si tard. Sans doute, il avait eu bien des étages à monter, dans la journée. Comme la lampe éclairait très faiblement la chambre, il demanda :

— Le corps est ici ?

— Oui, monsieur, répondit Simoneau.

Marguerite s'était levée, frissonnante. Madame Gabin avait mis Dédé sur le palier, parce qu'un enfant n'a pas besoin d'assister à ça ; et elle s'efforçait d'entraîner ma femme vers la fenêtre, afin de lui épargner un tel spectacle.

Pourtant, le médecin venait de s'approcher d'un pas rapide. Je le devinais fatigué, pressé, impatienté. M'avait-il touché la main ? Avait-il posé la sienne sur mon cœur ? Je ne saurais le dire. Mais il me sembla qu'il s'était simplement penché d'un air indifférent.

— Voulez-vous que je prenne la lampe pour vous éclairer? offrit Simoneau avec obligeance.

— Non, inutile, dit le médecin tranquillement.

Comment! inutile! Cet homme avait ma vie entre les mains, et il jugeait inutile de procéder à un examen attentif. Mais je n'étais pas mort! j'aurais voulu crier que je n'étais pas mort!

— A quelle heure est-il mort? reprit-il.

— A six heures du matin, répondit Simoneau.

Une furieuse révolte montait en moi, dans les liens terribles qui me liaient. Oh! ne pouvoir parler, ne pouvoir remuer un membre!

Le médecin ajouta :

— Ce temps lourd est mauvais... Rien n'est fatigant comme ces premières journées de printemps.

Et il s'éloigna. C'était ma vie qui s'en allait. Des cris, des larmes, des injures m'étouffaient, déchiraient ma gorge convulsée, où ne passait plus un souffle. Ah! le misérable, dont l'habitude professionnelle avait fait une machine, et qui venait au lit des morts avec l'idée d'une simple formalité à remplir! Il ne savait donc rien, cet homme! Toute sa science était donc menteuse, puisqu'il ne pouvait d'un coup d'œil distinguer la vie de la mort! Et il s'en allait, et il s'en allait!

— Bonsoir, monsieur, dit Simoneau.

Il y eut un silence. Le médecin devait s'incliner devant Marguerite, qui était revenue, pendant que madame Gabin fermait la fenêtre. Puis, il sortit de la chambre, j'entendis ses pas qui descendaient l'escalier.

Allons, c'était fini, j'étais condamné. Mon dernier espoir disparaissait avec cet homme. Si je ne m'éveillais pas avant le lendemain onze heures, on m'enterrait vivant. Et cette pensée était si effroyable, que je perdis conscience de ce qui m'entourait. Ce fut comme un évanouissement dans la mort elle-même. Le dernier bruit qui me frappa fut le petit bruit des ciseaux de madame Gabin et de Dédé. La veillée funèbre commençait. Personne ne parlait plus. Marguerite avait refusé de dormir dans la chambre de la voisine. Elle était là, couchée à demi au fond du fauteuil, avec son beau visage pâle, ses yeux clos dont les cils restaient trempés de larmes; tandis que, silencieux dans l'ombre, assis devant elle, Simoneau la regardait.

III

Je ne puis dire quelle fut mon agonie, pendant la matinée du lendemain. Cela m'est demeuré comme un rêve horrible, où mes sensations étaient si singulières, si troublées, qu'il me serait difficile de les noter exactement. Ce qui rendait ma torture affreuse, c'était que j'espérais toujours un brusque réveil. Et, à mesure que l'heure du convoi approchait, l'épouvante m'étranglait davantage.

Ce fut vers le matin seulement que j'eus de nouveau conscience des personnes et des choses qui m'entouraient. Un grincement de l'espagnolette me tira de ma somnolence. Madame Gabin avait ouvert la fenêtre. Il devait être environ sept heures, car j'entendais des cris de marchands, dans la rue, la voix grêle d'une gamine qui vendait du mouron, une autre voix enrouée criant des carottes. Ce réveil bruyant de Paris me calma d'abord : il me semblait impossible qu'on m'enfouît dans la terre, au milieu de toute cette vie. Un souvenir achevait de me rassurer. Je me rappelais avoir vu un cas pareil au mien, lorsque j'étais employé à l'hôpital de Guérande. Un homme y avait ainsi dormi pendant vingt-huit heures, son sommeil était même si profond, que les médecins hésitaient à se prononcer; puis, cet homme s'était assis sur son séant, et il avait pu se lever tout de suite. Moi, il y avait déjà vingt-cinq heures que je dormais. Si je m'éveillais vers dix heures, il serait temps encore.

Je tâchai de me rendre compte des personnes qui se trouvaient dans la chambre, et de ce qu'on y faisait. La petite Dédé devait jouer sur le carré, car la porte s'étant ouverte, un rire d'enfant vint du dehors. Sans doute, Simoneau n'était plus là : aucun bruit ne me révélait sa présence. Les savates de madame Gabin traînaient seules sur le carreau. On parla enfin.

— Ma chère, dit la vieille, vous avez tort de ne pas en prendre pendant qu'il est chaud, ça vous soutiendrait.

Elle s'adressait à Marguerite, et le léger égouttement du filtre, sur la cheminée, m'apprit qu'elle était en train de faire du café.

— Ce n'est pas pour dire, continua-t-elle, mais j'avais besoin de ça.... A mon âge, ça ne vaut rien de veiller. Et c'est si triste, la nuit, quand il y a un malheur dans une maison... Prenez donc du café, ma chère, une larme seulement.

Et elle força Marguerite à en boire une tasse.

— Hein? c'est chaud, ça vous remet. Il vous faut des forces pour aller jusqu'au bout de la journée... Maintenant, si vous étiez bien sage, vous passeriez dans ma chambre, et vous attendriez là.

— Non, je veux rester, répondit Marguerite résolument.

Sa voix, que je n'avais plus entendue depuis la veille, me toucha beaucoup. Elle était changée, brisée de douleur. Ah! chère femme! je la sentais près de moi, comme une consolation dernière. Je savais qu'elle ne me quittait pas des yeux, qu'elle me pleurait de toutes les larmes de son cœur.

Mais les minutes passaient. Il y eut, à la porte, un bruit que je ne m'expliquai pas d'abord. On aurait dit l'emménagement d'un meuble qui se heurtait contre les murs de l'escalier trop étroit.

Puis, je compris, en entendant de nouveau les larmes de Marguerite. C'était la bière.

— Vous venez trop tôt, dit madame Gabin d'un air de mauvaise humeur. Posez ça derrière le lit.

Quelle heure était-il donc? Neuf heures peut-être. Ainsi, cette bière était déjà là. Et je la voyais dans la nuit épaisse, toute neuve, avec ses planches à peine rabotées. Mon Dieu! est-ce que tout allait finir? est-ce qu'on m'emporterait dans cette boîte, que je sentais à mes pieds?

J'eus pourtant une suprême joie. Marguerite, malgré sa faiblesse, voulut me donner les derniers soins. Ce fut elle qui, aidée de la vieille femme, m'habilla, avec une tendresse de sœur et d'épouse. Je sentais que j'étais une fois encore entre ses bras, à chaque vêtement qu'elle me passait. Elle s'arrêtait, succombant sous l'émotion ; elle m'étreignait, elle me baignait de ses pleurs. J'aurais voulu pouvoir lui rendre son étreinte, en lui criant : « Je vis! » et je restais impuissant, je devais m'abandonner comme une masse inerte.

— Vous avez tort, tout ça est perdu, répétait madame Gabin.

Marguerite répondait de sa voix entrecoupée :

— Laissez-moi, je veux lui mettre ce que nous avons de plus beau.

Je compris qu'elle m'habillait comme pour le jour de nos noces. J'avais encore ces vêtements, dont je comptais ne me servir à Paris que les grands jours. Puis, elle retomba dans le fauteuil, épuisée par l'effort qu'elle venait de faire.

Alors, tout d'un coup, Simoneau parla. Sans doute, il venait d'entrer.

— Ils sont en bas, murmura-t-il.

— Bon, ce n'est pas trop tôt, répondit madame Gabin, en baissant également la voix. Dites-leur de monter, il faut en finir.

— C'est que j'ai peur du désespoir de cette pauvre femme.

La vieille parut réfléchir. Elle reprit :

— Écoutez, monsieur Simoneau, vous allez l'emmener de force dans ma chambre... Je ne veux pas qu'elle reste ici. C'est un service à lui rendre... Pendant ce temps, en un tour de main, ce sera bâclé.

Ces paroles me frappèrent au cœur. Et que devins-je, lorsque j'entendis la lutte affreuse qui s'engagea! Simoneau s'était approché de Marguerite, en la suppliant de ne pas demeurer dans la pièce.

— Par pitié, implorait-il, venez avec moi, épargnez-vous une douleur inutile.

— Non, non, répétait ma femme, je resterai, je veux rester jusqu'au dernier moment. Songez donc que je n'ai que lui au monde, et que, lorsqu'il ne sera plus là, je serai seule.

Cependant, près du lit, madame Gabin soufflait à l'oreille du jeune homme :

— Marchez donc, empoignez-la, emportez-la dans vos bras.

Est-ce que ce Simoneau allait prendre Marguerite et l'emporter ainsi ? Tout de suite, elle cria. D'un élan furieux, je voulus me mettre debout. Mais les ressorts de ma chair étaient brisés. Et je restais si rigide, que je ne pouvais même soulever les paupières pour voir ce qui se passait là, devant moi. La lutte se prolongeait, ma femme s'accrochait aux meubles, en répétant :

— Oh ! de grâce, de grâce, monsieur... Lâchez-moi, je ne veux pas.

Il avait dû la saisir dans ses bras vigoureux, car elle ne poussait plus que des plaintes d'enfant. Il l'emporta, les sanglots se perdirent, et je m'imaginais les voir, lui grand et solide, l'emmenant sur sa poitrine, à son cou, et elle, éplorée, brisée, s'abandonnant, le suivant désormais partout où il voudrait la conduire.

— Fichtre ! ça n'a pas été sans peine ! murmura

madame Gabin. Allons, houp ! maintenant que le plancher est débarrassé !

Dans la colère jalouse qui m'affolait, je regardais cet enlèvement comme un rapt abominable. Je ne voyais plus Marguerite depuis la veille, mais je l'entendais encore. Maintenant, c'était fini ; on venait de me la prendre ; un homme l'avait ravie, avant même que je fusse dans la terre. Et il était avec elle, derrière la cloison, seule à la consoler, à l'embrasser peut-être !

La porte s'était ouverte de nouveau, des pas lourds marchaient dans la pièce.

— Dépêchons, dépêchons, répétait madame Gabin. Cette petite dame n'aurait qu'à revenir.

Elle parlait à des gens inconnus et qui ne lui répondaient que par des grognements.

— Moi, vous comprenez, je ne suis pas une parente, je ne suis qu'une voisine. Je n'ai rien à gagner dans tout ça. C'est par pure bonté de cœur que je m'occupe de leurs affaires. Et ce n'est déjà pas si gai... Oui, oui, j'ai passé la nuit. Même qu'il ne faisait guère chaud, vers quatre heures. Enfin, j'ai toujours été bête, je suis trop bonne.

A ce moment, on tira la bière au milieu de la chambre, et je compris. Allons, j'étais condamné, puisque le réveil ne venait pas. Mes idées perdaient de leur netteté, tout roulait en moi dans une fumée noire; et j'éprouvais une telle lassitude, que ce fut comme un soulagement, de ne plus compter sur rien.

— On n'a pas épargné le bois, dit la voix enrouée d'un croque-mort. La boîte est trop longue.

— Eh bien! il y sera à l'aise, ajouta un autre en s'égayant.

Je n'étais pas lourd, et ils s'en félicitaient, car ils avaient trois étages à descendre. Comme ils m'empoignaient par les épaules et par les pieds, madame Gabin tout d'un coup se fâcha.

— Sacré gamine! cria-t-elle, il faut qu'elle mette son nez partout... Attends, je vas te faire regarder par les fentes.

C'était Dédé qui entrebâillait la porte et passait sa tête ébouriffée. Elle voulait voir mettre le monsieur dans la boîte. Deux claques vigoureuses retentirent, suivies d'une explosion de sanglots. Et quand la mère fut rentrée, elle causa de sa fille avec les hommes qui m'arrangeaient dans la bière.

— Elle a dix ans. C'est un bon sujet; mais elle est curieuse... Je ne la bats pas tous les jours. Seulement, il faut qu'elle obéisse.

— Oh! vous savez, dit un des hommes, toutes les gamines sont comme ça... Lorsqu'il y a un mort quelque part, elles sont toujours à tourner autour.

J'étais allongé commodément, et j'aurais pu croire que je me trouvais encore sur le lit, sans une gêne de mon bras gauche, qui était un peu serré contre une planche. Ainsi qu'ils le disaient, je tenais très bien là-dedans, grâce à ma petite taille.

— Attendez, s'écria madame Gabin, j'ai promis à sa femme de lui mettre un oreiller sous la tête.

Mais les hommes étaient pressés, ils fourrèrent l'oreiller en me brutalisant. Un d'eux cherchait partout le marteau, avec des jurons. On l'avait oublié en bas, et il fallut descendre. Le couvercle fut posé, je ressentis un ébranlement de tout mon corps, lorsque deux coups de marteau enfoncèrent le premier clou. C'en était fait, j'avais vécu. Puis, les clous entrèrent un à un, rapidement, tandis que le marteau sonnait en cadence. On aurait dit des emballeurs clouant une boîte de fruits secs, avec leur adresse insouciante. Dès lors, les bruits ne m'arrivèrent plus qu'assourdis et prolongés, résonnant d'une étrange manière, comme si le cercueil de sapin s'était transformé en une grande caisse d'harmonie. La dernière parole qui frappa mes oreilles, dans cette chambre de la rue Dauphine, ce fut cette phrase de madame Gabin :

— Descendez doucement, et méfiez-vous de la rampe au second, elle ne tient plus.

On m'emportait, j'avais la sensation d'être roulé dans une mer houleuse. D'ailleurs, à partir de ce moment, mes souvenirs sont très vagues. Je me rappelle pourtant que l'unique préoccupation qui me tenait encore, préoccupation imbécile et comme machinale, était de me rendre compte de la route que nous prenions pour aller au cimetière. Je ne connaissais pas une rue de Paris, j'ignorais la position exacte des grands cimetières, dont on avait parfois prononcé les noms devant moi, et cela ne m'empêchait pas de concentrer les derniers efforts de mon intelligence, afin de deviner si nous tournions à droite ou à gauche. Le corbillard me cahotait sur les pavés. Autour de moi, le roulement des voitures, le piétinement des passants, faisaient une clameur confuse que développait la sonorité du cercueil. D'abord, je suivis l'itinéraire avec assez de netteté. Puis, il y eut une station, on me promena, et je compris que nous étions à l'église. Mais, quand le corbillard s'ébranla de nouveau, je perdis toute conscience des lieux que nous traversions. Une volée de cloches m'avertit que nous passions près d'une église; un roulement plus doux et continu me fit croire que nous longions une promenade. J'étais comme un condamné mené au lieu du supplice, hébété, attendant le coup suprême qui ne venait pas.

On s'arrêta, on me tira du corbillard. Et ce fut bâclé tout de suite. Les bruits avaient cessé, je sentais que j'étais dans un lieu désert, sous des arbres, avec le large ciel sur ma tête. Sans doute, quelques personnes suivaient le convoi, les locataires de l'hôtel, Simoneau et d'autres, car des chuchotements arrivaient jusqu'à moi. Il y eut une psalmodie, un prêtre balbutiait du latin. On piétina deux minutes. Puis, brusquement, je sentis que je m'enfonçais; tandis que des cordes frottaient comme des archets, contre les angles du cercueil, qui rendait un son de contre-basse fêlée. C'était la fin. Un choc terrible, pareil au retentissement d'un coup de canon, éclata un peu à gauche de ma tête; un second choc se produisit à mes pieds; un autre, plus violent encore, me tomba sur le ventre, si sonore, que je crus la bière fendue en deux. Et je m'évanouis.

IV

Combien de temps restai-je ainsi ? je ne saurais le dire. Une éternité et une seconde ont la même durée dans le néant. Je n'étais plus. Peu à peu, confusément, la conscience d'être me revint. Je dormais toujours, mais je me mis à rêver. Un cauchemar se détacha du fond noir qui barrait mon horizon. Et ce rêve que je faisais était une imagination étrange, qui m'avait souvent tourmenté autrefois, les yeux ouverts, lorsque, avec ma nature prédisposée aux inventions horribles, je goûtais l'atroce plaisir de me créer des catastrophes.

Je m'imaginais donc que ma femme m'attendait quelque part, à Guérande, je crois, et que j'avais pris le chemin de fer pour aller la rejoindre. Comme le train passait sous un tunnel, tout à coup, un effroyable bruit roulait avec un fracas de tonnerre. C'était un double écroulement qui venait de se produire. Notre train n'avait pas reçu une pierre, les wagons restaient intacts; seulement, aux deux bouts du tunnel, devant et derrière nous, la voûte s'était effondrée, et nous nous trouvions ainsi au centre d'une montagne, murés par des blocs de rocher. Alors commençait une longue et affreuse agonie. Aucun espoir de secours; il fallait un mois pour déblayer le tunnel; encore ce travail demandait-il des précautions infinies, des machines puissantes. Nous étions prisonniers dans une sorte de cave sans issue. Notre mort à tous n'était plus qu'une question d'heures.

Souvent, je le répète, mon imagination avait travaillé sur cette donnée terrible. Je variais le drame à l'infini. J'avais pour acteurs des hommes, des femmes, des enfants, plus de cent personnes, toute une foule qui me fournissait sans cesse de nouveaux épisodes. Il se trouvait bien quelques provisions dans le train; mais la nourriture manquait vite, et sans aller jusqu'à se manger entre eux, les misérables affamés se disputaient férocement le dernier morceau de pain. C'était un vieillard qu'on repoussait à coups de poing et qui agonisait ; c'était une mère qui se battait comme une louve, pour défendre les trois ou quatre bouchées réservées à son enfant. Dans mon wagon, deux jeunes mariés râlaient aux bras l'un de l'autre, et ils n'espéraient plus, ils ne bougeaient plus. D'ailleurs, la voie était libre, les gens descendaient, rôdaient le long du train, comme des bêtes lâchées, en quête d'une proie. Toutes les classes se mêlaient, un homme très riche, un haut fonctionnaire, disait-on, pleurait au cou d'un ouvrier, en le tutoyant. Dès les premières heures, les lampes s'étaient épuisées, les feux de la locomotive avaient fini par s'éteindre. Quand on passait d'un wagon à un autre, on tâtait les roues de la main pour ne pas se cogner, et l'on arrivait ainsi à la locomotive, que l'on reconnaissait à sa bielle froide, à ses énormes flancs endormis, force inutile, muette et immobile dans l'ombre. Rien n'était plus effrayant que ce train, ainsi muré tout entier sous terre, comme enterré vivant, avec ses voyageurs, qui mouraient un à un.

Je me complaisais, je descendais dans l'horreur des moindres détails. Des hurlements traversaient les ténèbres. Tout d'un coup, un voisin qu'on ne savait pas là, qu'on ne voyait pas, s'abattait contre votre épaule. Mais, cette fois, ce dont je souffrais surtout, c'était du froid et du manque d'air. Jamais je n'avais eu si froid; un manteau de neige me tombait sur les épaules, une humidité lourde pleuvait sur mon crâne. Et j'étouffais avec cela, il me semblait que la voûte de rocher croulait sur ma poitrine, que toute la montagne pesait et m'écrasait. Cependant, un cri de délivrance avait retenti. Depuis longtemps, nous nous imaginions entendre au loin un bruit sourd, et nous nous bercions de l'espoir qu'on travaillait près de nous. Le salut n'arrivait point de là pourtant. Un de nous venait de découvrir un puits dans le tunnel; et nous courions tous, nous allions voir ce puits d'air, en haut duquel on apercevait une tache bleue, grande comme un pain à cacheter. Oh! quelle joie, cette tache bleue! C'était le ciel, nous nous grandissions vers elle pour respirer, nous distinguions nettement des points noirs qui s'agitaient, sans doute des ouvriers en train d'établir un treuil, afin d'opérer notre sauvetage. Une clameur furieuse : « Sauvés! sauvés! » sortait de toutes les bouches, tandis que des bras tremblants se levaient vers la petite tache d'un bleu pâle.

Ce fut la violence de cette clameur qui m'éveilla. Où étais-je? Encore dans le tunnel sans doute. Je me trouvais couché tout de mon long, et je sentais, à droite et à gauche, de dures parois qui me serraient les flancs. Je voulus me lever, mais je me cognai violemment le crâne. Le roc m'enveloppait donc de toutes parts? Et la tache bleue avait disparu, le ciel n'était plus là, même lointain. J'étouffais toujours, je claquais des dents, pris d'un frisson.

Brusquement, je me souvins. Une horreur souleva mes cheveux, je sentis l'affreuse vérité couler en moi, des pieds à la tête, comme une glace. Étais-je sorti enfin de cette syncope, qui m'avait frappé pendant de longues heures d'une rigidité de cadavre? Oui, je remuais, je promenais les mains le long des planches du cercueil. Une dernière épreuve me restait à faire: j'ouvris la bouche, je parlai, appelant Marguerite, instinctivement. Mais j'avais hurlé, et ma voix, dans cette boîte de sapin, avait pris un son rauque si effrayant, que je m'épouvantai moi-même. Mon Dieu! c'était donc vrai? je pouvais marcher, crier que je vivais, et ma voix ne serait pas entendue, et j'étais enfermé, écrasé sous la terre!

Je fis un effort suprême pour me calmer et réfléchir. N'y avait-il aucun moyen de sortir de là? Mon rêve recommençait, je n'avais pas encore le cerveau bien solide, je mêlais l'imagination du puits d'air et de sa tache de ciel, avec la réalité de la fosse où je suffoquais. Les yeux démesurément ouverts, je regardais les ténèbres. Peut-être apercevrais-je un trou, une fente, une goutte de lumière! Mais des étincelles de feu passaient seules dans la nuit, des clartés rouges s'élargissaient et s'évanouissaient. Rien, un gouffre noir, insondable. Puis, la lucidité me revenait, j'écartais ce cauchemar imbécile. Il me fallait toute ma tête, si je voulais tenter le salut.

D'abord, le grand danger me parut être dans l'étouffement qui augmentait. Sans doute, j'avais pu rester si longtemps privé d'air, grâce à la syncope qui suspendait en moi les fonctions de l'existence; mais, maintenant que mon cœur battait, que mes poumons soufflaient, j'allais mourir d'asphyxie, si je ne me dégageais au plus tôt. Je souffrais également du froid, et je craignais de me laisser envahir par cet engourdissement mortel des hommes qui tombent dans la neige, pour ne plus se relever.

Tout en me répétant qu'il me fallait du calme, je sentais des bouffées de folie monter à mon crâne. Alors, je m'exhortais, essayant de me rappeler ce que je savais sur la façon dont on enterre. Sans doute, j'étais dans une concession de cinq ans; cela m'ôtait un espoir, car j'avais remarqué autrefois, à Nantes, que les tranchées de la fosse commune laissaient passer, dans leur remblaiement continu, les pieds des dernières bières enfouies. Il m'aurait suffi alors de briser une planche pour m'échapper; tandis que, si je me trouvais dans un trou comblé entièrement, j'avais sur moi toute une couche épaisse de terre, qui allait être un terrible obstacle. N'avais-je pas entendu dire qu'à Paris on enterrait à six pieds de profondeur? Comment percer cette masse énorme? Si même je parvenais à fendre le couvercle, la terre n'allait-elle pas entrer, glisser comme un sable fin, m'emplir les yeux et la bouche? Et ce serait encore la mort, une mort abominable, une noyade dans de la boue.

Cependant, je tâtai soigneusement autour de moi. La bière était grande, je remuais les bras avec facilité. Dans le couvercle, je ne sentis aucune fente. A droite et à gauche, les planches étaient mal rabotées, mais résistantes et solides. Je repliai mon bras le long de ma poitrine, pour remonter vers la tête. Là, je découvris, dans la planche du bout, un nœud qui cédait légèrement sous la pression; je travaillai avec la plus grande peine, je finis par chasser le nœud, et de l'autre côté, en enfonçant le doigt, je reconnus la terre, une terre grasse, argileuse et mouillée. Mais cela ne m'avançait à rien. Je regrettai même d'avoir ôté ce nœud, comme si la terre avait pu entrer. Une autre expérience m'occupa un instant : je tapai autour du cercueil, afin de savoir si, par hasard, il n'y aurait pas quelque vide, à droite ou à gauche. Partout, le son fut le même. Comme je donnais aussi de légers coups de pied, il me sembla pourtant que le son était plus clair au bout. Peut-être n'était-ce qu'un effet de la sonorité du bois.

Alors, je commençai par des poussées légères, les bras en avant, avec les poings. Le bois résista. J'employai ensuite les genoux, m'arc-boutant sur les pieds et sur les reins. Il n'y eut pas un craquement. Je finis par donner toute ma force, je poussai du corps entier, si violemment, que mes os meurtris criaient. Et ce fut à ce moment que je devins fou.

Jusque-là, j'avais résisté au vertige, aux souffles de rage qui montaient par instants en moi, comme une fumée d'ivresse. Surtout, je réprimais les cris, car je comprenais que, si je criais, j'étais perdu. Tout d'un coup, je me mis à crier, à hurler. Cela était plus fort que moi, les hurlements sortaient de ma gorge qui se dégonflait. J'appelai au secours d'une voix que je ne me connaissais pas, m'affolant davantage à chaque nouvel appel, criant que je ne voulais pas mourir. Et j'égratignais le bois avec mes ongles, je me tordais dans les convulsions d'un loup enfermé. Combien de temps dura cette crise? je l'ignore, mais je sens encore l'implacable dureté du cercueil où je me débattais, j'entends encore la tempête de cris et de sanglots dont j'emplissais ces quatre planches. Dans une dernière lueur de raison, j'aurais voulu me retenir et je ne pouvais pas.

Un grand accablement suivit. J'attendais la mort, au milieu d'une somnolence douloureuse. Ce cercueil était de pierre; jamais je ne parviendrais à le fendre; et cette certitude de ma défaite me laissait inerte, sans courage pour tenter un nouvel effort. Une autre souffrance, la faim, s'était jointe au froid et à l'asphyxie. Je défaillais. Bientôt, ce supplice fut intolérable. Avec mon doigt, je tâchai d'attirer des pincées de terre, par le nœud que j'avais enfoncé, et je mangeai cette terre, ce qui redoubla mon tourment. Je mordais mes bras, n'osant aller jusqu'au sang, tenté par ma chair, suçant ma peau avec l'envie d'y enfoncer les dents.

Ah ! comme je désirais la mort, à cette heure ! Toute ma vie, j'avais tremblé devant le néant ; et je le voulais, je le réclamais, jamais il ne serait assez noir. Quel enfantillage que de redouter ce sommeil sans rêve, cette éternité de silence et de ténèbres ! La mort n'était bonne que parce qu'elle supprimait l'être d'un coup, pour toujours. Oh ! dormir comme les pierres, rentrer dans l'argile, n'être plus !

Mes mains tâtonnantes continuaient machinalement à se promener contre le bois. Soudain, je me piquai au pouce gauche, et la légère douleur me tira de mon engourdissement. Qu'était-ce donc ? Je cherchai de nouveau, je reconnus un clou, un clou que les croque-morts avaient enfoncé de travers, et qui n'avait pas mordu dans le bord du cercueil. Il était très long, très pointu. La tête tenait dans le couvercle, mais je sentis qu'il remuait. A partir de cet instant, je n'eus plus qu'une idée : avoir ce clou. Je passai ma main droite sur mon ventre, je commençai à l'ébranler. Il ne cédait guère, c'était un gros travail. Je changeais souvent de main, car la main gauche, mal placée, se fatiguait vite. Tandis que je m'acharnais ainsi, tout un plan s'était développé dans ma tête. Ce clou devenait le salut. Il me le fallait quand même. Mais serait-il temps encore? La faim me torturait, je dus m'arrêter, en proie à un vertige qui me laissait les mains molles, l'esprit vacillant. J'avais sucé les gouttes qui coulaient de la piqûre de mon pouce. Alors, je me mordis le bras, je bus mon sang, éperonné par la douleur, ranimé par ce vin tiède et âcre qui mouillait ma bouche. Et je me remis au clou des deux mains, je réussis à l'arracher.

Dès ce moment, je crus au succès. Mon plan était simple. J'enfonçai la pointe du clou dans le couvercle et je traçai une ligne droite, la plus longue possible, où je promenai le clou, de façon à pratiquer une entaille. Mes mains se roidissaient, je m'entêtais furieusement. Quand je pensai avoir assez entamé le bois, j'eus l'idée de me retourner, de me mettre sur le ventre, puis, en me soulevant sur les genoux et sur les coudes, de pousser des reins. Mais, si le couvercle craqua, il ne se fendit pas encore. L'entaille n'était pas assez profonde. Je dus me replacer sur le dos et reprendre la besogne, ce qui me coûta beaucoup de peine. Enfin, je tentai un nouvel effort, et cette fois le couvercle se brisa, d'un bout à l'autre.

Certes, je n'étais pas sauvé, mais l'espérance m'inondait le cœur. J'avais cessé de pousser, je ne bougeais plus, de peur de déterminer quelque éboulement qui m'aurait enseveli. Mon projet était de me servir du couvercle comme d'un abri, tandis que je tâcherais de pratiquer une sorte de puits dans l'argile. Malheureusement, ce travail présentait de grandes difficultés : les mottes épaisses qui se détachaient embarrassaient les planches que je ne pouvais manœuvrer ; jamais je n'arriverais au sol, déjà des éboulements partiels me pliaient l'échine et m'enfonçaient la face dans la terre. La peur me reprenait, lorsqu'en m'allongeant pour trouver un point d'appui, je crus sentir que la planche qui fermait la bière, aux pieds, cédait sous la pression. Je tapai alors vigoureusement du talon, songeant qu'il pouvait y avoir, à cet endroit, une fosse qu'on était en train de creuser.

Tout d'un coup, mes pieds enfoncèrent dans le vide. La prévision était juste : une fosse nouvellement ouverte se trouvait là. Je n'eus qu'une mince cloison de terre à trouer pour rouler dans cette fosse. Grand Dieu ! j'étais sauvé !

Un instant, je restai sur le dos, les yeux en l'air, au fond du trou. Il faisait nuit. Au ciel, les étoiles luisaient dans un bleuissement de velours. Par moments, un vent qui se levait m'apportait une tiédeur de printemps, une odeur d'arbres. Grand Dieu! j'étais sauvé, je respirais, j'avais chaud, et je pleurais, et je balbutiais, les mains dévotement tendues vers l'espace. Oh! que c'était bon de vivre!

V

Ma première pensée fut de me rendre chez le gardien du cimetière, pour qu'il me fît reconduire chez moi. Mais des idées, vagues encore, m'arrêtèrent. J'allais effrayer tout le monde. Pourquoi me presser, lorsque j'étais le maître de la situation ? Je me tâtai les membres, je n'avais que la légère morsure de mes dents au bras gauche ; et la petite fièvre qui en résultait, m'excitait, me donnait une force inespérée. Certes, je pourrais marcher sans aide.

Alors, je pris mon temps. Toutes sortes de rêveries confuses me traversaient le cerveau. J'avais senti près de moi, dans la fosse, les outils des fossoyeurs, et j'éprouvai le besoin de réparer le dégât que je venais de faire, de reboucher le trou, pour qu'on ne pût s'apercevoir de ma résurrection. A ce moment, je n'avais aucune idée nette; je trouvais seulement inutile de publier l'aventure, éprouvant une honte à vivre, lorsque le monde entier me croyait mort. En une demi-heure de travail, je parvins à effacer toute trace. Et je sautai hors de la fosse.

Quelle belle nuit! Un silence profond régnait dans le cimetière. Les arbres noirs faisaient des ombres immobiles, au milieu de la blancheur des tombes. Comme je cherchais à m'orienter, je remarquai que toute une moitié du ciel flambait d'un reflet d'incendie. Paris était là. Je me dirigeai de ce côté, filant le long d'une avenue, dans l'obscurité des branches. Mais, au bout de cinquante pas, je dus m'arrêter, essoufflé déjà. Et je m'assis sur un banc de pierre. Alors seulement je m'examinai : j'étais complètement habillé, chaussé même, et seul un chapeau me manquait. Combien je remerciai ma chère Marguerite du pieux sentiment qui l'avait fait me vêtir! Le brusque souvenir de Marguerite me remit debout. Je voulais la voir.

Au bout de l'avenue, une muraille m'arrêta. Je montai sur une tombe, et quand je fus pendu au chaperon, de l'autre côté du mur, je me laissai aller. La chute fut rude. Puis, je marchai quelques minutes dans une grande rue déserte, qui tournait autour du cimetière. J'ignorais complètement où j'étais ; mais je me répétais, avec l'entêtement de l'idée fixe, que j'allais rentrer dans Paris et que je saurais bien trouver la rue Dauphine. Des gens passèrent, je ne les questionnai même pas, saisi de méfiance, ne voulant me confier à personne. Aujourd'hui, j'ai conscience qu'une grosse fièvre me secouait déjà et que ma tête se perdait. Enfin, comme je débouchais sur une grande voie, un éblouissement me prit, et je tombai lourdement sur le trottoir.

Ici, il y a un trou dans ma vie. Pendant trois semaines, je demeurai sans connaissance. Quand je m'éveillai enfin, je me trouvais dans une chambre inconnue. Un homme était là, à me soigner. Il me raconta simplement que, m'ayant ramassé un matin, sur le boulevard Montparnasse, il m'avait gardé chez lui. C'était un vieux docteur, qui n'exerçait plus. Lorsque je le remerciais, il me répondait avec brusquerie que mon cas lui avait paru curieux et qu'il avait voulu l'étudier. D'ailleurs, dans les premiers jours de ma convalescence, il ne me permit de lui adresser aucune question. Plus tard, il ne m'en fit aucune. Durant huit jours encore, je gardai le lit, la tête faible, ne cherchant pas même à me souvenir, car le souvenir était une fatigue et un chagrin. Je me sentais plein de pudeur et de crainte. Lorsque je pourrais sortir, j'irais voir. Peut-être, dans le délire de la fièvre, avais-je laissé échapper un nom; mais jamais le médecin ne fit allusion à ce que j'avais pu dire. Sa charité resta discrète.

Cependant, l'été était venu. Un matin de juin, j'obtins enfin la permission de faire une courte promenade. C'était une matinée superbe, un de ces gais soleils qui donnent une jeunesse aux rues du vieux Paris. J'allais doucement, questionnant les promeneurs à chaque carrefour, demandant la rue Dauphine. J'y arrivai, et j'eus de la peine à reconnaître l'hôtel meublé où nous étions descendus. Une peur d'enfant m'agitait. Si je me présentais brusquement à Marguerite, je craignais de la tuer. Le mieux peut-être serait de prévenir d'abord cette vieille femme, madame Gabin, qui logeait là. Mais il me déplaisait de mettre quelqu'un entre nous. Je ne m'arrêtais à rien. Tout au fond de moi, il y avait comme un grand vide, comme un sacrifice accompli depuis longtemps.

La maison était toute jaune de soleil. Je l'avais reconnue à un restaurant borgne, qui se trouvait au rez-de-chaussée, et d'où l'on nous montait la nourriture. Je levai les yeux, je regardai la dernière fenêtre du troisième étage, à gauche. Elle était grande ouverte. Tout à coup, une jeune femme, ébouriffée, la camisole de travers, vint s'accouder; et, derrière elle, un jeune homme qui la poursuivait, avança la tête et la baisa au cou. Ce n'était pas Marguerite. Je n'éprouvai aucune surprise. Il me sembla que j'avais rêvé cela et d'autres choses encore que j'allais apprendre.

Un instant, je demeurai dans la rue, indécis, songeant à monter et à questionner ces amoureux qui riaient toujours, au grand soleil. Puis, je pris le parti d'entrer dans le petit restaurant, en bas. Je devais être méconnaissable : ma barbe avait poussé pendant ma fièvre cérébrale, mon visage s'était creusé. Comme je m'asseyais à une table, je vis justement madame Gabin qui apportait une tasse, pour acheter deux sous de café; et elle se planta devant le comptoir, elle entama avec la dame de l'établissement les commérages de tous les jours. Je tendis l'oreille.

— Eh bien ! demandait la dame, cette pauvre petite du troisième a donc fini par se décider ?

— Que voulez-vous ? répondit madame Gabin,

c'était ce qu'elle avait de mieux à faire. Monsieur Simoneau lui témoignait tant d'amitié !... Il avait heureusement terminé ses affaires, un gros héritage, et il lui offrait de l'emmener là-bas, dans son pays, vivre chez une tante à lui, qui a besoin d'une personne de confiance.

La dame du comptoir eut un léger rire. J'avais enfoncé ma face dans un journal, très pâle, les mains tremblantes.

— Sans doute, ça finira par un mariage, reprit madame Gabin. Mais je vous jure sur mon honneur que je n'ai rien vu de louche. La petite pleurait son mari, et le jeune homme se conduisait parfaitement bien... Enfin, ils sont partis hier. Quand elle ne sera plus en deuil, n'est-ce pas ? ils feront ce qu'ils voudront.

A ce moment, la porte qui menait du restaurant dans l'allée s'ouvrit toute grande, et Dédé entra.

— Maman, tu ne montes pas ?... J'attends, moi. Viens vite.

— Tout à l'heure, tu m'embêtes ! dit la mère.

L'enfant resta, écoutant les deux femmes, de son air précoce de gamine poussée sur le pavé de Paris.

— Dame ! après tout, expliquait madame Gabin,

le défunt ne valait pas monsieur Simoneau... Il ne me revenait guère, ce gringalet. Toujours à geindre! Et pas le sou! Ah! non, vrai! un mari comme ça, c'est désagréable pour une femme qui a du sang... Tandis que monsieur Simoneau, un homme riche, fort comme un Turc...

— Oh! interrompit Dédé, moi, je l'ai vu, un jour qu'il se débarbouillait. Il en a, du poil sur les bras!

— Veux-tu t'en aller! cria la vieille en la bousculant. Tu fourres toujours ton nez où il ne doit pas être.

Puis, pour conclure :

— Tenez! l'autre a bien fait de mourir. C'est une fière chance.

Quand je me retrouvai dans la rue, je marchai lentement, les jambes cassées. Pourtant, je ne souffrais pas trop. J'eus même un sourire, en apercevant mon ombre au soleil. En effet, j'étais bien chétif, j'avais eu une singulière idée d'épouser Marguerite. Et je me rappelais ses ennuis de Guérande, ses impatiences, sa vie morne et fatiguée. La chère femme se montrait bonne. Mais je n'avais jamais été son amant, c'était un frère qu'elle venait de pleurer. Pourquoi aurais-je de nouveau dérangé sa vie? Un mort n'est pas jaloux.

Lorsque je levai la tête, je vis que le jardin du Luxembourg était devant moi. J'y entrai et je m'assis au soleil, rêvant avec une grande douceur. La pensée de Marguerite m'attendrissait, maintenant. Je me l'imaginais en province, dame dans une petite ville, très heureuse, très aimée, très fêtée ; elle embellissait, elle avait trois garçons et deux filles. Allons ! j'étais un brave homme, d'être mort, et je ne ferais certainement pas la bêtise cruelle de ressusciter.

Depuis ce temps, j'ai beaucoup voyagé, j'ai vécu un peu partout. Je suis un homme médiocre, qui a travaillé et mangé comme tout le monde. La mort ne m'effraie plus ; mais elle semble ne pas vouloir de moi, à présent que je n'ai aucune raison de vivre, et je crains qu'elle ne m'oublie.

MADAME NEIGEON

MADAME NEIGEON

I

Il y a huit jours que mon père, M. de Vauge-lade, m'a permis de quitter le Boquet, le vieux château mélancolique où je suis né, dans la basse Normandie. Mon père a d'étranges idées sur les temps actuels, il est d'un bon demi-siècle en retard. Enfin, j'habite donc Paris, que je connaissais à peine, pour l'avoir traversé deux fois. Heureusement, je ne suis pas trop gauche. Félix Budin, mon ancien condisciple du lycée de Caen, a prétendu, en me revoyant ici, que j'étais superbe et que les Parisiennes allaient raffoler de moi. Cela m'a fait rire. Mais, quand Félix n'a plus été là, je me suis surpris devant une glace, à regarder mes cinq pieds six pouces, tout en souriant de mes dents blanches et de mes yeux noirs. Puis, j'ai haussé les épaules, car je ne suis pas fat.

Hier, pour la première fois, j'ai passé la soirée dans un salon parisien. La comtesse de P***, qui est un peu ma tante, m'avait invité à dîner. C'était son dernier samedi. Elle voulait me présenter à M. Neigeon, un député de notre arrondissement de Gommerville, qui vient d'être nommé sous-secrétaire d'État, et qui est, dit-on, en passe de devenir ministre. Ma tante, beaucoup plus tolérante que mon père, m'a nettement déclaré qu'un jeune homme de mon âge ne pouvait bouder son pays, fût-il en république. Elle veut me caser quelque part.

— Je me charge de catéchiser ce vieil entêté de Vaugelade, m'a-t-elle dit. Laisse-moi faire, mon cher Georges.

A sept heures précises, j'étais chez la comtesse. Mais il paraît qu'on dîne tard, à Paris; les convives arrivaient un à un, et à sept heures et demie, tous n'étaient point là. La comtesse m'a appris d'un air de désespoir qu'elle n'avait pu avoir M. Neigeon; il se trouvait retenu à Versailles par je ne sais quelle complication parlementaire. Cependant, elle espérait encore qu'il paraîtrait un moment dans la soirée. Voulant boucher le trou, elle avait invité un autre député de notre département, l'énorme Gaucheraud, comme nous le nommons là-bas, et que je connais pour avoir chassé une fois avec lui. Ce Gaucheraud est un homme court, jovial, qui a laissé pousser ses favoris depuis peu, afin d'avoir l'air grave. Il est né à Paris, d'un petit avoué sans fortune ; mais il possède chez nous un oncle riche et très influent, qu'il a décidé, je ne sais trop comment, à lui céder une candidature. J'ignorais d'ailleurs qu'il fût marié. Ma tante m'a placé, à table, près d'une jeune dame blonde, l'air fin et joli, que l'énorme Gaucheraud appelait Berthe, très haut.

On avait fini par être au complet. Il faisait jour encore dans le salon, exposé au couchant, et brusquement nous sommes entrés dans une pièce aux rideaux tirés, éclairée par un lustre et des lampes. L'effet a été singulier. Aussi, tout en prenant place, a-t-on causé de ces derniers dîners de la saison d'hiver, que le crépuscule attriste. Ma tante détestait cela. Et la conversation s'est éternisée sur ce sujet, sur la mélancolie de Paris traversé au jour tombant, lorsqu'on se rend en voiture à une invitation. Je me taisais, mais je n'avais nullement éprouvé cette sensation, dans mon fiacre, qui m'avait pourtant cahoté durement pendant une demi-heure. Paris, aux premières lueurs du gaz, m'avait empli d'un immense désir de toutes les jouissances dont il allait flamber.

Quand les entrées ont paru, les voix se sont élevées, et l'on a causé politique. J'ai été surpris d'entendre ma tante formuler des opinions. Les autres dames, d'ailleurs, étaient au courant, appelaient les hommes en vue de leurs noms tout court, jugeaient et décidaient. En face de moi, Gaucheraud tenait une place énorme, parlant fort, sans cesser de boire ni de manger. Ces choses ne m'intéressaient point, beaucoup m'échappaient, et j'avais fini par ne plus m'occuper que de ma voisine, madame Gaucheraud, Berthe, comme je la nommais déjà, pour abréger. Elle était vraiment très jolie. L'oreille surtout m'a paru charmante, une petite oreille ronde, derrière laquelle frisaient des cheveux jaunes. Berthe avait une de ces nuques troublantes de blonde, couvertes de poils follets. A certains mouvements des épaules, son corsage décolleté en carré bâillait légèrement par derrière, et je suivais, de son cou à sa taille, une ondulation souple de chatte. J'aimais moins son profil un peu aigu. Elle parlait politique avec plus d'acharnement que les autres.

— Madame, désirez-vous du vin?... Vous passerai-je le sel, madame?

Je me faisais poli, je prévenais ses moindres désirs, interprétant ses gestes et ses regards. Elle m'avait regardé fixement en se mettant à table, comme pour me peser d'un coup.

— Ça vous ennuie, la politique, m'a-t-elle dit enfin. Moi, elle m'assomme. Mais, que voulez-vous? il faut bien causer. On ne cause que de ça maintenant dans le monde.

Puis, elle a sauté à un autre sujet.

— Est-ce joli, Gommerville? Mon mari a voulu, l'été dernier, me mener chez son oncle; mais j'ai eu peur, j'ai prétexté que j'étais malade.

— Le pays est très fertile, ai-je répondu. Il y a de belles plaines.

— Bon! je suis fixée, a-t-elle repris en riant. C'est affreux. Un pays tout plat, des champs et encore des champs, avec le même rideau de peupliers de loin en loin.

J'ai voulu me récrier, mais elle était déjà repartie, elle discutait une loi sur l'enseignement supérieur avec son voisin de droite, homme sérieux à barbe blanche. Enfin, on a parlé théâtre. Quand elle se penchait pour répondre à une question lancée du bout de la table, l'ondulation féline de sa nuque me causait une émotion. Au Boquet, dans les sourdes impatiences de ma solitude, j'avais rêvé une maîtresse blonde; mais elle était lente, avec un visage noble, et la mine de souris, les petits cheveux frisés de Berthe dérangeaient mon rêve. Puis, comme on servait déjà les légumes, j'ai glissé à une histoire folle, dont j'arrangeais les détails au fur et à mesure : nous étions seuls, elle et moi; je la baisai par derrière sur le cou, et elle se retournait en souriant; alors, nous partions ensemble, pour un pays très lointain. On passait le dessert. A ce moment, elle s'est serrée contre moi, elle m'a dit à voix basse :

— Donnez-moi donc cette assiette de bonbons, là, devant vous.

Il m'a semblé que ses yeux avaient une douceur de caresse, et la légère pression de son bras nu sur la manche de mon habit me chauffait délicieusement.

— J'adore les sucreries, et vous? a-t-elle repris, en croquant un fruit glacé.

Ces simples mots m'ont remué, au point que je me suis cru amoureux. Comme je levais la tête, j'ai aperçu Gaucheraud, qui me regardait causer bas avec sa femme : il avait sa mine gaie, il souriait d'un air encourageant. Le sourire du mari m'a calmé.

Cependant, le dîner tirait sur sa fin. Il ne m'a pas semblé que les dîners de Paris fussent beaucoup plus spirituels que les dîners de Caen. Berthe seule me surprenait. Ma tante s'était plainte de la chaleur, et l'on est revenu à la première conversation, on a discuté sur les réceptions du printemps, en concluant qu'on ne mangeait réellement bien que l'hiver. Puis, on est allé prendre le café dans le petit salon.

Peu à peu, il est arrivé beaucoup de monde. Les trois salons et la salle à manger s'emplissaient. Je m'étais réfugié dans un coin, et comme ma tante passait près de moi, elle m'a dit rapidement :

— Ne t'en va pas, Georges... Sa femme est arrivée. Il a promis de la venir prendre, et je te présenterai.

Elle parlait toujours de M. Neigeon. Mais je ne l'écoutais guère, j'avais entendu deux jeunes gens échanger devant moi quelques mots rapides, qui m'émotionnaient. Ils se haussaient à une porte du grand salon, et au moment où Félix Budin, mon ancien condisciple de Caen, entrait et saluait madame Gaucheraud, le plus petit avait dit à l'autre :

— Est-ce qu'il est toujours avec elle?

— Oui, avait répondu le plus grand. Oh! un collage en règle. Maintenant, ça durera jusqu'à l'hiver. Jamais elle n'en a gardé un si longtemps.

Ça n'a pas été pour moi une grosse souffrance, je n'ai ressenti qu'une simple blessure d'amour-propre. Pourquoi m'avait-elle dit, d'un ton si tendre, qu'elle adorait les sucreries? Certes, je n'entendais pas la disputer à Félix. Cependant, j'ai fini par me persuader que ces jeunes gens calomniaient madame Gaucheraud. Je connaissais ma tante, elle était très rigide, elle ne pouvait tolérer chez elle des femmes compromises. Gaucheraud, justement, venait de se précipiter au-devant de Félix, pour lui serrer la main; et il lui donnait des claques amicales sur l'épaule, il le couvait d'un regard attendri.

— Ah! te voilà, m'a dit Félix, lorsqu'il m'a découvert. Je suis venu pour toi... Eh bien! veux-tu que je te pilote?

Nous sommes restés tous les deux dans l'embrasure de la porte. J'aurais bien voulu le questionner sur madame Gaucheraud; mais je ne savais comment le faire d'une façon dégagée. Tout en cherchant une transition, je l'interrogeais sur une foule d'autres personnes, qui m'étaient parfaitement indifférentes. Et il me nommait les gens, il avait des renseignements précis sur chacun. Lui, né à Paris, avait passé seulement deux années au lycée de Caen, pendant que son père était préfet du Calvados. Je le trouvais de paroles très libres. Un sourire pinçait sa lèvre inférieure, lorsque je lui demandais des détails sur certaines des femmes qui étaient là.

— Tu regardes madame Neigeon? m'a-t-il dit tout d'un coup.

A la vérité, je regardais madame Gaucheraud. Aussi ai-je répondu assez sottement :

— Madame Neigeon, ah! où donc?

— Cette femme brune, là-bas, près de la cheminée, qui cause avec une femme blonde, décolletée.

En effet, près de madame Gaucheraud, et riant gaiement, se trouvait une dame que je n'avais pas remarquée.

— Ah! c'est madame Neigeon, ai-je répété à deux reprises.

Et je l'ai examinée. C'était bien fâcheux qu'elle fût brune, car elle m'a paru également charmante, un peu moins grande que Berthe, avec une magnifique couronne de cheveux noirs. Elle avait des yeux à la fois vifs et tendres. Le nez petit, la bouche fine, les joues trouées de fossettes, indiquaient une nature à la fois turbulente et réfléchie. Telle a été ma première impression. Mais, à la regarder, mon jugement s'est troublé, et je l'ai vue bientôt plus folle encore que son amie, riant plus haut.

— Est-ce que tu connais Neigeon? m'a demandé Félix.

— Moi, pas du tout. Ma tante doit me présenter à lui.

— Oh! un être nul, le sot parfait, a-t-il continué. C'est la médiocrité politique dans tout son épanouissement, un de ces bouche-trou si utiles sous le régime parlementaire. Comme il n'a pas deux idées à lui et que tous les chefs de cabinet peuvent l'employer, il est des combinaisons les plus contraires.

— Et sa femme? ai-je dit.

— Sa femme, eh bien! tu la vois. Elle est charmante... Si tu veux obtenir quelque chose de lui, fais la cour à sa femme.

Félix, d'ailleurs, affectait de ne vouloir rien ajouter. Mais, en somme, il m'a laissé entendre que madame Neigeon avait fait la fortune de son mari et qu'elle continuait de veiller à la prospérité du ménage. Tout Paris lui donnait des amants.

— Et la dame blonde? ai-je demandé brusquement.

— La dame blonde, a répondu Félix sans se troubler, c'est madame Gaucheraud.

— Elle est honnête, celle-là?

— Mais sans doute elle est honnête.

Il avait pris un air grave, qu'il n'a pu garder; son sourire a reparu, j'ai même cru lire sur son visage un air de fatuité qui m'a fâché. Les deux femmes s'étaient sans doute aperçues que nous nous occupions d'elles, car elles forçaient leurs rires. Je suis resté seul, une dame ayant emmené Félix; et j'ai passé la soirée à les comparer l'une à l'autre, blessé et attiré, ne comprenant pas bien, éprouvant cette anxiété d'un homme qui a peur de commettre quelque sottise, en se risquant dans un monde qu'il ne connaît point encore.

— Il est assommant, il ne vient pas, m'a dit ma tante, lorsqu'elle m'a retrouvé dans le même coin de porte. C'est toujours comme ça, d'ailleurs... Enfin, il est minuit à peine, sa femme l'attend encore.

J'ai fait le tour par la salle à manger, je suis allé me planter à l'autre porte du salon. De cette manière, je me trouvais derrière ces dames. Comme j'arrivais, j'ai entendu Berthe qui appelait son amie Louise. C'est un joli nom, Louise. Elle portait une robe montante, dont la ruche laissait voir seulement, sous son lourd chignon, la ligne blanche de son cou. Cette blancheur discrète m'a paru, un instant, beaucoup plus provocante que le dos entièrement nu de Berthe. Puis, je n'ai plus eu aucun avis, elles étaient adorables toutes les deux, le choix me semblait impossible, dans l'état de trouble où je me trouvais.

Ma tante, cependant, me cherchait partout. Il était une heure.

— Tu as donc changé de porte? m'a-t-elle dit. Allons, il ne viendra pas : ce Neigeon sauve la France tous les soirs... Je vais toujours te présenter à sa femme, avant qu'elle parte. Et sois aimable, c'est important.

Sans attendre ma réponse, la comtesse m'avait planté devant madame Neigeon, en me nommant et en lui contant mes affaires d'une phrase. Je suis resté assez gauche, j'ai trouvé à peine quelques mots. Louise attendait, avec son sourire; puis, lorsqu'elle a vu que je demeurais court, elle s'est inclinée simplement. Il m'a semblé que madame Gaucheraud se moquait de moi. Toutes deux s'étaient levées et se retiraient. Dans l'antichambre, où était installé le vestiaire, elles ont eu un accès de gaieté folle. Ce laisser-aller, ces allures garçonnières, cette grâce hardie, n'étonnaient que moi. Les hommes s'écartaient, les saluaient au passage, avec un mélange d'extrême politesse et de camaraderie mondaine qui me stupéfiait.

Félix m'avait offert une place dans sa voiture. Mais je me suis échappé, je voulais être seul; et je n'ai pas pris de fiacre, heureux de marcher à pied, dans le silence et la solitude des rues. Je me sentais fiévreux, comme à l'approche de quelque grande maladie. Était-ce donc une passion qui poussait en moi? Pareil aux voyageurs qui payent leur tribut aux climats nouveaux, j'allais être éprouvé par l'air de Paris.

II

C'est cet après-midi que j'ai revu ces dames, au Salon de peinture, qui ouvrait précisément aujourd'hui. Je confesse que je savais devoir les y rencontrer, et que je serais fort en peine pour me prononcer sur la valeur des trois ou quatre mille tableaux, devant lesquels je me suis promené pendant quatre heures. Félix, hier, avait offert de me venir prendre vers midi ; nous devions déjeuner dans un restaurant des Champs-Élysées, puis nous rendre au Salon.

J'ai beaucoup réfléchi, depuis la soirée de la comtesse, mais j'avoue que cela n'a pas amené une grande clarté dans mes idées. Quel étrange monde, que ce monde parisien, si poli et si gâté à la fois ! Je ne suis point un moraliste rigide, je n'en reste pas moins gêné à l'idée des choses énormes que j'ai entendues, entre hommes, dans les coins du salon de ma tante. A écouter les paroles crues, échangées à demi-voix, plus de la moitié des femmes qui étaient là se conduisaient comme des gueuses; et c'était, sous l'urbanité des conversations et des manières, une brutalité d'appréciation qui les déshabillait toutes, les mères, les filles, salissant les plus honnêtes autant que les plus compromises. Comment savoir la vérité, au milieu de ces histoires risquées, de ces affirmations du premier venu, décidant de la vertu ou de l'impudeur d'une femme? J'avais d'abord pensé que ma tante, malgré ce que mon père en disait, recevait du bien vilain monde. Mais Félix prétendait qu'il en était ainsi dans presque tous les salons parisiens; les maîtresses de maison sévères devaient elles-mêmes se montrer tolérantes, sous peine de faire le vide chez elles. Mes premières révoltes s'étaient calmées, je n'avais plus que le besoin sensuel de profiter, moi aussi, de cette facilité du plaisir, de ces jouissances offertes avec une grâce si troublante.

Chaque matin, depuis quatre jours, je ne pouvais m'éveiller, dans mon petit appartement de la rue Laffitte, sans songer à Louise et à Berthe, comme je les nommais familièrement. Il se produisait un singulier phénomène en moi, je finissais par les confondre. J'avais aujourd'hui la certitude que Félix était bien réellement l'amant de Berthe ; mais cela ne me blessait pas, au contraire ; je voyais là un encouragement, une certitude de me faire aimer. Je les associais donc toutes deux : puisqu'elles avaient cédé à d'autres, pourquoi ne me céderaient-elles pas, à moi? C'était là le continuel sujet d'une rêverie délicieuse, à l'heure de mon lever. Je m'attardais dans mon lit, jouissant de la tiédeur des couvertures, me retournant vingt fois, avec une paresse heureuse des membres. Et j'évitais de rien préciser, car il m'était agréable de rester dans le vague d'un dénouement que j'arrangeais sans cesse à ma guise. Je pouvais ainsi raffiner sur les circonstances qui me livreraient un jour Berthe ou Louise, je ne voulais pas même savoir au juste laquelle. Enfin, je me levais, avec l'absolue conviction que je n'avais qu'à choisir, pour être le maître de l'une ou de l'autre.

Quand nous sommes entrés dans la première salle de l'Exposition de peinture, j'ai été surpris de la foule énorme qui s'y étouffait.

— Diable ! a murmuré Félix, nous venons un peu tard. Il va falloir jouer des coudes.

C'était une foule très mêlée, des artistes, des bourgeois, des gens du monde. Au milieu des paletots mal brossés et des redingotes sombres, il y avait de claires toilettes, ces toilettes printanières si gaies à Paris, avec leurs soies tendres et leurs garnitures vives. Et j'étais surtout ravi par la tranquille assurance des femmes, coupant au plus épais des groupes, sans s'inquiéter de leurs traînes, dont les flots de dentelles finissaient toujours par passer. Elles allaient ainsi, d'un tableau à un autre, du pas dont elles auraient traversé leur salon. Il n'y a que les Parisiennes qui gardent une sérénité de déesses dans les cohues populaires, comme si les paroles entendues, les contacts subis, ne pouvaient monter jusqu'à elles et les salir. J'ai suivi un instant du regard une dame, que Félix m'a dit être la duchesse d'A***; elle était accompagnée de ses deux filles, âgées de seize à dix-huit ans; et toutes trois regardaient sans sourciller une Léda, tandis que, derrière elles, un atelier de jeunes peintres s'égayaient du tableau en termes très libres.

Félix s'est engagé dans les salles de gauche, une enfilade de grandes pièces carrées, où la foule était moins compacte. Un jour blanc tombait des plafonds vitrés, une lumière crue que des velums de toile tamisaient; mais la poussière soulevée par le piétinement du monde mettait comme une fumée légère, au-dessus de la houle des têtes. Il fallait que les femmes fussent très jolies, pour résister à cet éclairage, à ce ton uniforme, que les tableaux, aux quatre côtés des murs, tachaient violemment. Là, c'était une bigarrure extraordinaire de couleurs, des rouges, des jaunes, des bleus qui détonnaient, toute une débauche d'arc-en-ciel dans l'or éclatant des cadres. Il commençait à faire très chaud. Des messieurs chauves, au crâne pâli, se promenaient en soufflant, leur chapeau à la main. Tous les visiteurs avaient le nez en l'air. On s'écrasait devant certaines toiles. Il se produisait des courants, des poussées, une débandade de troupeau humain lâché au travers d'un palais. Et, sans relâche, on entendait le roulement continu des pieds sur les parquets, qui accompagnait la clameur sourde et prolongée de ce peuple, grondant comme la mer.

— Tiens! m'a dit Félix, voilà la grande machine dont on parle tant.

Cinq rangs de personnes contemplaient la grande machine. Il y avait des femmes avec des binocles, des artistes qui causaient bas, méchamment, un grand monsieur sec en train de prendre des notes. Mais je regardais à peine. Je venais d'apercevoir, dans une salle voisine, accoudées à la barre d'appui, devant la cimaise, deux dames qui examinaient curieusement un petit tableau. Ce n'a été d'abord qu'un éclair : sous les bavolets des chapeaux, j'avais vu d'épaisses tresses noires et tout un ébouriffement de cheveux blonds ; puis, la vision s'en était allée, un flot de foule, des têtes moutonnantes avaient noyé les deux dames. Mais j'aurais juré que c'étaient elles. Au bout de quelques pas, entre les têtes sans cesse en mouvement, j'ai retrouvé tantôt les cheveux blonds, tantôt les tresses noires. Je n'ai rien dit à Félix, je me suis contenté de le conduire dans la salle voisine, en manœuvrant de façon à ce qu'il parût reconnaître ces dames le premier. Les avait-il vues comme moi? je le croirais, car il m'a jeté un regard oblique, d'une fine ironie.

— Ah! quelle heureuse rencontre! s'est-il écrié en saluant.

Ces dames se sont tournées et ont souri. J'attendais le coup de cette deuxième entrevue. Il a été décisif. Madame Neigeon m'a bouleversé, d'un simple regard de ses yeux noirs, tandis qu'il m'a semblé retrouver une amie dans madame Gaucheraud. Cette fois, c'était le coup de foudre. Elle avait un petit chapeau jaune, couvert d'une branche de glycine ; et sa robe était de soie mauve, garnie de satin paille, une toilette très voyante et très tendre à la fois. Mais je ne l'ai détaillée que plus tard ; car, à première vue, elle m'est apparue dans du soleil, comme si elle avait fait de la lumière autour d'elle.

Cependant, Félix causait.

— Hein? rien de fort, disait-il. Je n'ai encore rien vu.

— Mon Dieu ! a déclaré Berthe, c'est comme toutes les années.

Puis, se retournant vers la cimaise :

— Regardez donc ce petit tableau que Louise a découvert. La robe est d'un réussi ! Madame de Rochetaille en avait une exactement pareille, au dernier bal de l'Élysée.

— Oui, a murmuré Louise ; seulement, les ruchés descendaient en carré sur le tablier.

Elles étudiaient de nouveau la petite toile, qui représentait une dame dans un boudoir, debout devant une cheminée, et lisant une lettre. La peinture m'a semblé très médiocre, mais je me suis senti plein de sympathie pour le peintre.

— Où est-il donc ? a demandé Berthe brusquement, en cherchant autour d'elle. Il nous perd tous les dix pas.

Elle parlait de son mari.

— Gaucheraud est là-bas, a tranquillement répondu Félix, qui voyait tout le monde. Il regarde ce grand Christ en sucre, cloué sur une croix de pain d'épices.

En effet, le mari, l'air paisible et désintéressé, faisait pour son compte le tour des salles, les mains derrière le dos. Quand il nous a aperçus, il est venu nous donner une poignée de main; et il nous a dit de son air gai:

— Avez-vous remarqué? il y a là-bas un Christ d'un sentiment religieux vraiment remarquable.

Ces dames s'étaient remises en marche. Nous les suivions avec Gaucheraud. La présence du mari nous autorisait à les accompagner. On a parlé de M. Neigeon: il allait sans doute venir, s'il sortait assez tôt d'une commission, où il devait faire connaître l'avis du gouvernement, sur une question très importante. Gaucheraud s'était emparé de moi et me comblait d'amitiés. Cela me gênait, car je devais répondre. Félix avait souri, en me poussant légèrement le coude; mais je n'avais pu comprendre. Et il profitait de ce que j'occupais le gros homme pour marcher en avant avec ces dames. Je saisissais des lambeaux de conversation.

— Alors, vous allez ce soir aux Variétés ?

— Oui, j'ai loué une baignoire. On dit cette pièce drôle... Je vous emmène, Louise. Oh ! je le veux !

Et plus loin :

— Voilà la saison finie. Cette ouverture du salon est la dernière solennité parisienne.

— Vous oubliez les courses.

— Tiens ! j'ai envie d'aller aux courses de Maisons-Laffitte. On m'a dit que c'est très gentil.

Pendant ce temps, Gaucheraud me parlait du Boquet, une propriété superbe, disait-il, et dont mon père avait doublé la valeur. Je le sentais plein de flatteries. Mais je ne l'écoutais guère, remué jusqu'au fond de mon être, chaque fois qu'en s'arrêtant brusquement devant un tableau, Louise m'effleurait de sa longue traîne. Son cou blanc, sous ses cheveux noirs, était délicat comme celui d'une enfant. D'ailleurs, elle gardait son allure garçonnière, ce qui me fâchait un peu. On la saluait beaucoup, et elle riait, et elle occupait les gens par les éclats de sa gaieté et les courses vives de ses jupes. Deux ou trois fois, elle s'était retournée pour me regarder fixement. Je marchais dans un rêve, je ne saurais dire combien d'heures je l'ai suivie de la sorte, étourdi par les paroles de Gaucheraud, aveuglé par les lieues de peinture qui se déroulaient à droite et à gauche. J'ai seulement conscience que, vers la fin, on mâchait de la poussière dans les salles, et que je ressentais une horrible fatigue, tandis que les femmes tenaient bon, souriantes.

A six heures, Félix m'a emmené dîner. Puis, au dessert :

— Je te remercie, m'a-t-il dit tout d'un coup.

— De quoi donc? ai-je demandé, très surpris.

— Mais de ta délicatesse à ne pas faire la cour à madame Gaucheraud. Alors, tu préfères les brunes?

Je n'ai pu m'empêcher de rougir. Il s'est hâté d'ajouter :

— Je ne veux pas de tes confidences. Au contraire, tu as dû remarquer que je m'abstenais d'intervenir. J'estime qu'il faut faire seul son apprentissage de la vie.

Il ne riait plus, il était sérieux et amical.

— Alors, tu crois qu'elle pourra m'aimer? ai-je dit, sans oser nommer Louise.

— Moi! a-t-il répondu, je n'en sais rien du tout. Fais ce qu'il te plaira. Tu verras bien de quelle manière tourneront les choses.

J'ai regardé cela comme un encouragement. Félix avait repris son ton ironique; et, légèrement, en manière de plaisanterie, il prétendait que Gaucheraud aurait voulu me voir tomber amoureux de sa femme.

— Oh! tu ne connais pas le bonhomme, tu n'as pas compris pourquoi il se jetait si fort à ton cou. L'influence de son oncle baisse dans ton arrondissement, et s'il était obligé de se représenter devant ses électeurs, il serait bien aise de pouvoir compter sur ton père... Dame! j'avais peur, tu comprends, du moment où tu peux lui être utile; tandis que moi, aujourd'hui, il m'a usé.

— Mais c'est abominable! me suis-je écrié.

— Pourquoi donc abominable? a-t-il repris d'un air si tranquille, que je n'ai pu savoir s'il se moquait. Quand une femme doit avoir des amis, autant que ces amis soient utiles au ménage.

En sortant de table, Félix a parlé d'aller aux Variétés. J'avais vu la pièce l'avant-veille; mais j'ai menti, j'ai témoigné un vif désir de la connaître. Et quelle charmante soirée! Ces dames étaient justement dans une baignoire voisine de nos fauteuils. En tournant la tête, je pouvais suivre sur le visage de Louise le plaisir qu'elle prenait aux plaisanteries des acteurs. J'avais trouvé ces plaisanteries ineptes, deux jours auparavant. Mais elles ne me blessaient plus, j'y goûtais au contraire une jouissance, parce qu'elles me semblaient mettre une sorte de complicité galante entre Louise et moi. La pièce était très leste, et elle riait surtout des mots risqués. Il suffisait qu'elle fût dans une baignoire, cela devenait une débauche permise. Quand nos yeux se rencontraient au milieu d'un éclat de rire, elle ne baissait pas la tête. Rien ne m'a paru d'une perversion plus raffinée, je me disais que trois heures passées ainsi, dans cette communauté de gaillardises, devaient fort avancer mes affaires. D'ailleurs, toute la salle s'amusait, beaucoup de femmes, au balcon, ne jouaient même pas de l'éventail.

Pendant un entr'acte, nous sommes allés saluer ces dames. Gaucheraud venait de sortir, nous avons pu nous asseoir. La baignoire était sombre, je sentais Louise près de moi. Ses jupes ont débordé, à un mouvement qu'elle a fait, et m'ont couvert les genoux. J'ai emporté la sensation de ce frôlement, comme un premier aveu muet, qui nous liait l'un à l'autre.

III

Dix jours se sont écoulés. Félix a disparu, je ne trouve aucun prétexte qui puisse me rapprocher de madame Neigeon. J'en suis réduit, pour m'occuper d'elle, à acheter cinq ou six grands journaux, où je lis le nom de son mari. Il est intervenu à la Chambre, dans un grave débat, et a prononcé un discours dont on s'occupe beaucoup. Ce discours, à une autre époque, m'aurait paru assommant; il m'intéresse aujourd'hui, je vois les tresses noires et le cou blanc de Louise, derrière les phrases filandreuses. J'ai même eu, avec un monsieur que je connais à peine, une discussion violente au sujet de M. Neigeon, dont je défends l'incapacité. Les attaques méchantes des journaux me mettent hors de moi. Sans doute, cet homme est imbécile; mais cela prouve d'autant plus l'intelligence de sa femme, si elle est, comme on le raconte, la bonne fée de sa fortune.

Pendant ces dix jours d'impatience et de courses vaines, je suis allé cinq ou six fois chez ma tante, espérant toujours une heureuse chance, quelque rencontre imprévue. D'ailleurs, lors de ma dernière visite, j'ai mécontenté la comtesse si vivement, que je n'oserai y retourner de sitôt. Elle s'était mis en tête de m'obtenir une situation dans la diplomatie, par le crédit de M. Neigeon ; et sa stupeur a été grande, lorsque j'ai refusé, en alléguant mes opinions politiques. Le pis était que j'avais accepté, dans le premier moment, lorsque je n'aimais pas Louise et qu'il ne me répugnait pas encore de devoir un bienfait au mari. Aussi, ma tante, qui n'a pu comprendre mon accès de délicatesse, s'est-elle étonnée de ce qu'elle a appelé un caprice d'enfant. Est-ce que des légitimistes, aussi scrupuleux que moi, ne représentent pas la république à l'étranger ? Au contraire, la diplomatie est le refuge des légitimistes ; ils emplissent les ambassades, ils rendent à la bonne cause un service utile, en retenant les hautes situations que les républicains envient. J'étais fort embarrassé pour répondre par de bonnes raisons, je me suis retranché dans un rigorisme ridicule, et ma tante a fini par me traiter de fou, d'autant plus furieuse, qu'elle avait déjà parlé de l'affaire à M. Neigeon. N'importe! Louise ne croira pas que je lui fais la cour pour obtenir un poste du ministère.

On rirait de moi, si je racontais par quels étranges sentiments j'ai passé depuis dix jours. D'abord, j'ai été persuadé que Louise s'était aperçue du trouble profond où m'avait jeté le frôlement de sa jupe sur mon genou ; et j'en concluais que je ne lui déplaisais pas, puisqu'elle ne s'était pas reculée tout de suite. Je trouvais là comme une avance sensuelle, qui allait plus loin que la coquetterie permise. Ce sont ici des notes sincères, une sorte de confession où je ne cache rien. Beaucoup d'hommes, s'ils disaient tout, avoueraient que les milieux changent, mais que la femme reste la même. En amour, la femme se donne ou permet qu'on la prenne. Je parle des femmes mariées, des mondaines ayant des convenances à garder. Les hommes qui les désirent, sentent vite si elles s'offrent, sous la bonne tenue de l'éducation et le raffinement du luxe. Tout ceci est pour dire que, dans mon égoïsme d'amant, je trouvais naturelle une liaison possible de Louise avec moi. Ce bout de jupe sur mes genoux était simplement d'une franchise et d'une crânerie charmantes.

Seulement, quelques heures plus tard, je me prenais à douter, je faisais les raisonnements contraires. Une fille seule pouvait s'offrir ainsi, j'étais un sot de croire qu'une femme se jetait à ma tête, même étourdiment. Madame Neigeon ne pensait pas à moi. Elle avait peut-être des amants, mais ses liaisons étaient à coup sûr plus calculées et plus compliquées. Il devait y avoir loin entre la femme que j'avais rêvée, la femme toute d'instinct, allant à son plaisir, et la femme adroite, la Parisienne pleine de dessous, qu'elle était sans doute.

Alors, elle m'a échappé tout à fait. Je ne la voyais plus, je ne savais même plus s'il était bien vrai que je fusse resté cinq minutes, dans l'ombre d'une loge, à la sentir vivre contre moi. Et j'ai été très malheureux, au point qu'un instant j'ai songé à retourner m'enfermer au Boquet.

Avant-hier, il m'a enfin poussé une idée que je m'étonne ne pas avoir eue tout de suite. C'était d'aller assister à une séance de la Chambre; peut-être M. Neigeon parlerait-il, peut-être sa femme serait-elle là. Mais il était dit que je ne verrais point encore ce diable d'homme. Il devait prendre la parole, et il n'a pas même paru : on racontait qu'il s'était trouvé retenu dans je ne sais quelle commission du Sénat. En revanche, comme je m'asseyais au fond d'une tribune, j'ai éprouvé une émotion, en apercevant madame Gaucheraud au premier rang de la tribune d'en face. Elle m'a vu, elle m'a regardé en souriant. Hélas! Louise n'était pas avec elle. Ma joie est tombée. A la sortie, je me suis arrangé pour rencontrer madame Gaucheraud dans un couloir. Elle s'est montrée familière. Félix, certainement, lui a parlé de moi.

— Est-ce que vous vous êtes absenté de Paris? m'a-t-elle demandé.

Je suis resté muet, révolté de cette question. Moi qui battais si furieusement la ville !

— C'est qu'on ne vous rencontre nulle part. La dernière réception, au ministère, a été superbe, et il y a eu une exposition hippique merveilleuse...

Puis, devant mon air désespéré, elle s'est mise à rire.

— Allons, à demain, a-t-elle repris en s'éloignant. On vous verra là-bas, n'est-ce pas?

J'ai répondu oui, stupide, n'osant risquer une question, de peur de l'entendre rire de nouveau.

Elle s'était retournée, elle me regardait d'un air malicieux.

— Venez, a-t-elle murmuré encore, du ton discret d'une amie qui m'aurait réservé quelque surprise heureuse.

Il m'a pris une folle envie de courir derrière elle, pour l'interroger. Mais elle avait déjà tourné dans un autre couloir, je me suis emporté contre mon sot amour-propre, qui m'empêchait d'avouer mon ignorance. Certes, j'étais prêt à aller là-bas; mais où était-ce, là-bas? Le vague de ce rendez-vous me mettait l'esprit à la torture; et j'éprouvais en outre une honte à ne pas savoir ce que le monde savait. Le soir, j'ai couru chez Félix, en me proposant d'obtenir de lui, d'une façon habile, le renseignement dont j'avais besoin. Félix était absent. Alors, désolé, je me suis plongé dans la lecture des journaux, choisissant les plus mondains et les plus répandus, tâchant de deviner, au milieu des informations publiées pour le lendemain, quel était le lieu où le bon ton voulait qu'on se donnât rendez-vous. Mes perplexités ont grandi, il y avait toutes sortes de solennités : une exposition de maîtres anciens, une vente de charité dans un grand cercle, une messe en musique à Sainte-Clotilde, une répétition générale, deux concerts et une prise de voile, sans compter des courses un peu partout. Comment un débarqué de la veille, un provincial qui avait conscience de ses gaucheries, pouvait-il se débrouiller parmi une pareille confusion? Je comprenais bien que le ton suprême était de se rendre à un de ces endroits; mais auquel, grand Dieu? Enfin, au risque de me morfondre toute une journée et de me dévorer d'impatience, si je me trompais, j'ai osé choisir. Je croyais me souvenir d'avoir entendu ces dames parler des courses de Maisons-Laffitte, et une inspiration m'a poussé, j'ai résolu d'aller aux courses de Maisons-Laffitte. Cette décision prise, je me suis senti plus calme.

Quel coin de terre ravissant, cette banlieue de Paris! Je ne connaissais pas Maisons-Laffitte, qui m'a enchanté, avec ses maisons si gaies, bâties sur un coteau que borde la Seine. On est dans les premiers jours de mai, les pommiers tout blancs font de grands bouquets, au milieu de la verdure tendre des peupliers et des ormes.

Cependant, je me suis trouvé d'abord bien dépaysé, perdu entre des murs et des haies vives, ne voulant demander mon chemin à personne. J'avais eu la joie de voir beaucoup de monde prendre le même train; mais ces dames n'étaient pas là, et à mesure que je guettais les passants, dans Maisons-Laffitte, mon cœur se serrait. Je finissais par me perdre, hors des habitations, le long de la Seine, lorsqu'une grosse émotion m'a arrêté net, près d'une touffe de ronces. A cinquante pas, venant à moi, un groupe de personnes s'avançaient lentement, et je reconnaissais Louise et Berthe ; Gaucheraud et Félix, toujours inséparables, suivaient à quelques pas. Ainsi, j'avais deviné. Cela m'a empli d'orgueil. Mais mon trouble était si grand, que j'ai commis un véritable enfantillage. Je me suis caché derrière la touffe de ronces, pris de je ne sais quelle honte, craignant de paraître ridicule. Lorsque Louise a passé, le bord de sa robe a frôlé le buisson. Tout de suite, j'avais compris la sottise de mon premier mouvement. Aussi me suis-je hâté de couper à travers champs ; et, comme les promeneurs arrivaient à un coude de la route, j'ai débouché de l'air le plus naturel possible, en homme qui se croit seul et qui s'abandonne à la rêverie du grand air.

— Tiens ! c'est vous ! a crié Gaucheraud.

J'ai salué, en affectant une vive surprise. On s'est exclamé, on a échangé des poignées de main. Mais Félix riait de son air singulier ; tandis que Berthe m'adressait un clignement d'yeux, qui a établi une complicité entre nous. On s'était remis en marche, je me suis trouvé quelques secondes en arrière avec elle.

— Alors, vous êtes venu? m'a-t-elle dit gaiement, à demi-voix.

Et, sans me laisser le temps de répondre, elle m'a plaisanté, en ajoutant que j'étais bien heureux d'être encore si enfant. Je sentais une alliée, il me semblait qu'elle aurait goûté une joie personnelle, à mettre son amie dans mes bras. Puis, Félix s'étant retourné, pour demander :

— De quoi riez-vous donc?

— C'est monsieur de Vaugelade qui me raconte son voyage avec toute une famille d'Anglais, a-t-elle répondu tranquillement.

Gaucheraud avait repris le bras de Félix et l'entraînait, comme pour ne pas gêner mon tête-à-tête avec sa femme. Je suis resté seul entre Louise et Berthe, j'ai passé là une heure exquise, sur cette route ombreuse, qui suivait la Seine. Louise avait une robe de soie claire, et son ombrelle, à doublure rose, baignait son visage d'une lumière fine et chaude, sans une ombre. La campagne la rendait plus libre encore, parlant haut, me regardant en face, répondant à

Berthe qui la lançait dans des conversations hardies, avec une insistance dont j'ai été frappé plus tard.

— Donnez donc le bras à madame Neigeon, a fini par me dire cette dernière. Vous n'êtes pas galant, vous voyez bien qu'elle est fatiguée.

J'ai offert mon bras à Louise, qui s'y est appuyée tout de suite. Berthe avait rejoint son mari et Félix, nous restions seuls, à plus de quarante pas de distance. La route montait le coteau, et nous avons marché très lentement. En bas, la Seine coulait, entre des prairies étalées comme des tapis de velours vert. Il y avait là une île mince et longue, que coupaient les deux ponts, où des trains passaient avec un roulement lointain de foudre. Puis, de l'autre côté de l'eau, une plaine immense, des cultures s'étendaient jusqu'au mont Valérien, dont on apercevait, au bord du ciel, les constructions grises, dans un poudroiement de soleil. Et, surtout, ce qui m'attendrissait aux larmes, c'était l'odeur de printemps répandue autour de nous, montant des herbes, aux deux bords de la route.

— Retournez-vous bientôt au Boquet? m'a demandé Louise.

J'ai eu la sottise de répondre non, ne prévoyant pas qu'elle allait ajouter :

— Ah ! c'est fâcheux, nous partons la semaine prochaine pour les Mûreaux, cette propriété que mon mari possède à deux lieues de chez vous, je crois, et il comptait vous inviter à nous venir voir.

J'ai balbutié, j'ai dit que mon père me rappellerait peut-être plus vite que je ne pensais. Il m'avait semblé sentir son bras s'appuyer davantage sur le mien. Était-ce donc un rendez-vous qu'elle me donnait? Dans l'idée galante que je me faisais de cette Parisienne, si libre et si raffinée, j'ai bâti tout de suite un roman, une liaison offerte à la campagne, un mois d'amour sous de grands arbres. Oui, c'était cela, elle me trouvait sans doute des grâces de gentilhomme campagnard, elle voulait m'aimer là-bas, dans mon cadre.

— J'ai à vous gronder, a-t-elle repris tout d'un coup, en prenant un air tendre et maternel.

— Comment cela? ai-je murmuré.

— Oui, votre tante m'a parlé de vous. Il paraît que vous ne voulez rien accepter de notre main. C'est très blessant, cela. Pourquoi refusez-vous, dites?

J'ai rougi une seconde fois. J'étais sur le point de risquer ma déclaration, de crier : « Je refuse, parce que je vous aime. » Mais elle a eu un geste, comme si elle comprenait et qu'elle voulût me faire taire. Puis elle a ajouté, en riant :

— Si vous êtes fier, si vous tenez à rendre service pour service, nous acceptons bien volontiers votre protection, là-bas. Vous savez qu'il y a un conseiller général à nommer. Mon mari se porte, mais il craint d'être battu, ce qui serait très désagréable dans sa situation... Voulez-vous nous aider ?

On ne pouvait être plus charmante. Cette histoire d'élection m'a paru un prétexte de femme spirituelle, pour nous retrouver aux champs.

— Mais sans doute je vous aiderai ! ai-je répondu avec gaieté.

— Et si vous faites nommer mon mari, il est entendu que mon mari vous donne à son tour un coup d'épaule ?

— Marché conclu.

— Oui, marché conclu.

Elle m'a tendu sa petite main, et j'ai tapé dedans. Nous plaisantions tous les deux. Cela me semblait ravissant, en vérité. Les arbres avaient cessé, le soleil tombait d'aplomb en haut de la côte, et nous marchions dans une grande chaleur, muets tous les deux. Mais cet imbécile de Gaucheraud est venu troubler ce silence frissonnant, sous le ciel de flamme. Il nous avait entendus parler du conseil général, il ne m'a plus lâché, me contant l'histoire de son oncle, manœuvrant pour se faire présenter à mon père. Enfin, nous sommes arrivés au champ de courses. Ils ont trouvé les courses superbes. Moi, tout le temps, debout derrière Louise, j'ai regardé son cou délicat. Et quel adorable retour, par une brusque ondée! Le vert de la campagne, sous la pluie, s'était attendri encore, les feuilles et la terre sentaient bon, d'une odeur d'amour. Louise avait fermé les yeux à demi, lasse et comme envahie par les voluptés du printemps.

— Rappelez-vous notre marché, m'a-t-elle dit à la gare, en montant dans sa voiture qui l'attendait. Aux Mûreaux, dans quinze jours, n'est-ce pas?

J'ai serré la main qu'elle me tendait, et je crains même d'avoir été un peu brutal, car pour la première fois je l'ai vue grave, avec deux plis de mécontentement aux lèvres. Mais Berthe semblait toujours m'encourager à oser davantage, et Félix gardait son rire énigmatique, tandis que

Gaucheraud me tapait sur l'épaule, en criant :
— Aux Mûreaux, dans quinze jours, monsieur de Vaugelade... Nous y serons tous.

Le diable l'emporte !

IV

Je reviens des Mûreaux, et mon esprit est si plein de pensées contradictoires, que moi-même j'ai le besoin de me raconter la journée que je viens de passer près de Louise, pour tâcher de me faire une opinion nette.

Bien que les Mûreaux ne soient qu'à deux lieues du Boquet, je connaissais peu ce coin de notre pays. Nos chasses sont du côté de Gommerville, et comme on fait un assez long détour pour traverser la petite rivière du Béage, je n'étais pas allé par là dix fois en ma vie. Le coteau est pourtant délicieux, avec sa route qui monte, bordée de grands noyers. Puis, sur le plateau, on redescend, et les Mûreaux se trouvent à l'entrée d'un vallon, dont les pentes se resserrent bientôt en une gorge étroite. L'habitation, une maison carrée du dix-septième siècle, n'a pas grande importance; mais le parc est magnifique, avec ses larges pelouses et le bout de forêt qui le termine, si inextricable, que les allées elles-mêmes ont été envahies par les branches.

Quand je suis arrivé à cheval, deux grands chiens m'ont accueilli par des aboiements et des bonds prolongés. Au bout de l'avenue, j'avais aperçu une tache blanche. C'était Louise, en robe claire, en chapeau de paille. Elle n'est pas descendue à ma rencontre, elle est restée immobile et souriante, sur le vaste perron qui monte au vestibule. Il était au plus neuf heures.

— Ah! que vous êtes charmant! m'a-t-elle crié. Vous êtes matinal au moins, vous!... Comme vous voyez, je suis encore la seule levée au château.

Je l'ai complimentée de ce beau courage de Parisienne. Mais elle a ajouté en riant :

— Il est vrai que je ne suis ici que depuis cinq jours. Je me lèverais avec les poules, les premiers matins... Seulement, dès la seconde semaine, je reprends petit à petit mes habitudes de paresseuse, je finis par descendre à dix heures, comme à Paris... Enfin, ce matin, je suis encore une campagnarde.

Jamais je ne l'avais vue si ravissante. Dans sa hâte à quitter sa chambre, elle avait noué négligemment ses cheveux, elle s'était enveloppée dans le premier peignoir venu ; et, toute fraîche, les yeux humides de sommeil, elle redevenait enfant. De petites mèches s'envolaient sur son cou. J'apercevais ses bras nus jusqu'aux coudes, lorsque ses larges manches s'entr'ouvraient.

— Vous ne savez pas où j'allais ? a-t-elle repris. Eh bien ! j'allais voir, sur ce berceau là-bas, un rideau de volubilis, qui, paraît-il, est merveilleux, quand le soleil n'a pas encore fermé les fleurs. C'est le jardinier qui m'a dit ça ; et, comme j'ai manqué mes volubilis hier, je ne veux pas les rater aujourd'hui... Vous m'accompagnez, n'est-ce pas ?

J'avais grande envie de lui offrir mon bras, mais j'ai compris que ce serait ridicule. Elle courait comme une pensionnaire échappée. Arrivée au berceau, elle a eu un cri d'admiration. Toute une draperie de volubilis pendait de haut, une pluie de clochettes emperlées de rosée et dont les teintes délicates allaient du rose vif au violet et au bleu pâles. On aurait dit une de ces fantaisies des albums japonais, d'une grâce et d'une étrangeté exquises.

— Voilà la récompense, quand on se lève matin, disait Louise gaiement.

Puis, elle s'est assise sous le berceau, et je me suis permis de me mettre près d'elle, en voyant qu'elle reculait sa jupe pour me faire une petite place. J'étais très ému, parce qu'il me venait la pensée de brusquer les choses, en la prenant à la taille et en la baisant sur le cou. Je sentais bien que c'était là une brutalité de sous-lieutenant forçant la vertu d'une chambrière. Mais je ne trouvais rien autre chose, et cette idée m'obsédait, tournait à une sorte de besoin physique. Je ne sais si Louise a compris ce qui se passait en moi : elle ne s'est pas levée ; seulement, elle a pris un air grave.

— D'abord, causons de nos affaires, voulez-vous ? m'a-t-elle dit.

Mes oreilles bourdonnaient, je me suis efforcé de l'écouter. Il faisait sombre et un peu froid, sous le berceau. Le soleil trouait le feuillage des volubilis de minces fusées d'or ; et, sur le peignoir blanc de Louise, c'était comme des mouches d'or, des insectes d'or qui se posaient.

— Où en sommes-nous ? m'a-t-elle demandé, d'un air de complice.

Alors, je lui ai raconté l'étrange revirement

que je venais de remarquer chez mon père. Lui qui, pendant dix ans, s'était emporté contre le nouvel état de choses, en me défendant de jamais servir la république, m'avait laissé entendre, dès le soir de mon arrivée, qu'un garçon de mon âge se devait à son pays. Je soupçonnais ma tante de cette conversion. On devait avoir lâché des femmes sur lui. Louise souriait, en m'écoutant. Elle finit par dire :

— J'ai rencontré monsieur de Vaugelade, il y a trois jours, dans un château voisin, où je me trouvais en visite... Nous avons causé.

Puis, elle a ajouté vivement :

— Vous savez que cette élection au conseil général a lieu dimanche. Vous allez vous mettre en campagne tout de suite... Avec votre père, le succès de mon mari est certain.

— Monsieur Neigeon est ici ? ai-je demandé après une hésitation.

— Oui, il est arrivé hier soir... Mais vous ne le verrez pas ce matin, car il est reparti du côté de Gommerville, pour déjeuner chez un propriétaire de ses amis, qui a une grande influence.

Elle s'était levée, je suis resté assis un instant encore, regrettant décidément de ne pas lui avoir baisé le cou. Jamais je ne retrouverais un petit coin si noir, à cette heure matinale, lorsqu'elle était au saut du lit, à peine habillée. Maintenant, il était trop tard; et j'ai si bien senti que j'allais la faire rire en tombant à ses pieds sur la terre humide, que j'ai remis ma déclaration à un moment plus favorable.

D'ailleurs, au bout de l'allée, je venais d'apercevoir la silhouette épaisse de Gaucheraud. En nous voyant sortir du bosquet, Louise et moi, il a eu un petit ricanement. Puis, il s'est extasié sur notre courage à nous lever si matin. Lui, descendait à peine.

— Et Berthe? lui a demandé Louise, a-t-elle passé une bonne nuit?

— Ma foi, je n'en sais rien, a-t-il répondu. Je ne l'ai pas vue encore.

Et, s'apercevant de mon étonnement, il a expliqué que sa femme avait la migraine pour la journée, lorsqu'on entrait chez elle le matin. Ils avaient deux chambres; cela était plus commode, à la campagne surtout. Il a conclu tranquillement, en disant sans rire :

— Ma femme adore coucher seule.

Nous traversions alors la terrasse qui domine le parc, et je n'ai pu m'empêcher de penser aux histoires gaillardes qu'on raconte sur la vie de château. Il me plaisait de rêver un coin d'élégante débauche, des amants marchant pieds nus et sans chandelle le long des corridors, allant rejoindre des dames dans des chambres discrètes, dont les portes restaient entrebâillées. C'étaient là des régals de Parisiennes perverses, promptes à profiter des libertés de la campagne, qui donnaient un regain de vivacité à leur liaison près de se rompre. Et, tout d'un coup, j'ai eu la conviction que mon rêve était une réalité, en voyant sortir du vestibule Berthe et mon ami Félix, l'un et l'autre nonchalants, comme brisés, malgré la grasse nuit qu'ils venaient de dormir.

— Vous n'êtes pas souffrante? a demandé obligeamment Louise à son amie.

— Non, merci. Seulement, vous savez, le changement, ça vous rend toute nerveuse... Et puis, au petit jour, il y a des oiseaux qui ont fait un bruit !

J'avais serré la main de Félix. Et, je ne sais pourquoi, au sourire que les deux femmes ont échangé, tandis que Gaucheraud sifflotait, le dos arrondi et complaisant, il m'est venu la pensée que Louise n'ignorait rien de ce qui se passait chez elle. Elle devait entendre la nuit ces pas d'homme le long des corridors, ces portes ouvertes et refermées avec des lenteurs sages, ces souffles d'amour sortant des alcôves noires et courant dans les murs. Ah! pourquoi ne lui avais-je pas baisé le cou, sous le berceau! Puisqu'elle tolérait ces choses, elle ne se serait pas fâchée. Je calculais déjà par quelle ouverture de la maison je pourrais entrer, lorsque je viendrais la nuit, pour monter chez elle. Il y avait une fenêtre basse, à gauche du vestibule, qui me semblait excellente.

On déjeunait à onze heures. Après le déjeuner, Gaucheraud a disparu pour faire la sieste. Il s'était ouvert à moi, en me confiant qu'il craignait de ne pas être réélu, aux futures élections, et en ajoutant qu'il comptait résider trois semaines dans l'arrondissement, afin d'y gagner des sympathies. Aussi, après être descendu chez son oncle, avait-il voulu passer quelques jours aux Mûreaux, désireux de montrer à tout le pays qu'il était au mieux avec les Neigeon ; cela, pensait-il, devait lui faire gagner des voix. J'ai compris qu'il éprouvait la grande envie d'être également invité chez mon père. Le malheur était que je paraissais ne pas aimer les blondes.

J'ai passé, en compagnie de ces dames et de Félix, une après-midi très gaie. Cette vie de château, ces grâces parisiennes qui s'ébattent au grand air, dans les premiers soleils de l'été, sont vraiment charmantes. C'est le salon élargi et continué sur les pelouses ; non plus le salon d'hiver où l'on est parqué un peu à l'étroit, où les femmes décolletées jouent de l'éventail, au milieu des habits noirs debout le long des murs ; mais un salon en vacances, les femmes vêtues de clair courant librement dans les allées, les hommes en vestons osant se montrer bons enfants, un abandon de l'étiquette mondaine, une familiarité qui exclut l'ennui des conversations toutes faites. Je dois confesser cependant que les allures de ces dames continuaient à me surprendre, moi grandi en province parmi des dévotes. Louise, après le déjeuner, comme nous prenions le café sur la terrasse, s'est permis une cigarette. Berthe lâchait des mots d'argot, naturellement. Plus tard, toutes deux ont disparu, avec un grand bruit de jupes, riant au loin, s'appelant, pleines d'une étourderie qui me troublait. C'est sot à avouer, mais ces façons, nouvelles pour moi, me faisaient espérer de la part de Louise un rendez-vous pour une nuit très prochaine. Félix fumait des cigares, paisiblement. Je le surprenais parfois à me regarder de son air railleur.

A quatre heures et demie, j'ai parlé de m'en aller. Louise s'est récriée aussitôt,

— Non, non, vous ne partez pas. Je vous garde à dîner... Mon mari va rentrer sûrement. Vous le verrez enfin, Il faut pourtant que je vous présente à lui.

Je lui ai expliqué que mon père m'attendait. Il y avait, au Boquet, un dîner auquel je me trouvais forcé d'assister. J'ai ajouté en riant :

— C'est un dîner électoral, je vais travailler pour vous.

— Oh! alors, a-t-elle dit, partez vite... Et, vous savez, si vous réussissez, venez chercher votre récompense.

Il m'a semblé qu'elle rougissait en disant cela. Voulait-elle seulement parler du poste diplomatique que mon père me presse d'accepter? J'ai cru pouvoir prêter un sens plus tendre à ses paroles, j'ai pris sans doute un air si insupportablement fat, que je l'ai vue une seconde fois devenir grave, avec ce pli des lèvres qui lui donne une expression de mécontentement hautain.

D'ailleurs, je n'ai pas eu le temps de réfléchir à ce brusque changement de physionomie. Comme je partais, une légère voiture s'est arrêtée devant le perron. Je croyais déjà au retour du mari. Mais il n'y avait, dans la voiture, que deux enfants, une petite fille de cinq ans environ et un petit garçon de quatre, accompagnés par une femme de chambre. Ils tendaient les bras, ils riaient; et, dès qu'ils ont pu sauter à terre, ils ont couru se jeter dans les jupes de Louise. Elle les baisait sur les cheveux.

— A qui sont ces beaux enfants? ai-je demandé.

— Mais ils sont à moi! m'a-t-elle répondu, d'un air de surprise.

A elle! Je ne saurais exprimer le coup que cette simple parole m'a porté. Il m'a semblé que, brusquement, elle m'échappait, que ces petits êtres-là creusaient de leurs mains faibles un fossé infranchissable entre elle et moi. Comment! elle avait des enfants, et je n'en savais rien! Je n'ai pu retenir ce cri brutal :

— Vous avez des enfants!

— Sans doute, a-t-elle dit tranquillement. Ils sont allés voir leur marraine, ce matin, à deux lieues d'ici... Permettez-moi de vous les présenter: monsieur Lucien, mademoiselle Marguerite.

Les petits me souriaient. Je devais avoir l'air stupide. Non, je ne pouvais m'habituer à l'idée qu'elle était mère. Cela dérangeait toutes mes idées. Je suis parti, la tête bourdonnante, et à cette heure encore je ne sais que penser. Je vois

Louise sous le berceau de volubilis, et je la vois baisant les cheveux de Lucien et de Marguerite. Décidément, ces Parisiennes sont trop compliquées pour un provincial de mon espèce. Il faut que je dorme. Je tâcherai de comprendre demain.

V

Ceci est le dénouement de l'aventure. Oh! quelle leçon! Mais tâchons de conter les choses froidement.

Dimanche, M. Neigeon a été nommé conseiller général. Après le dépouillement du scrutin, il est devenu évident que, sans notre appui, le candidat échouait. Mon père, qui, lui, a vu M. Neigeon, m'a laissé entendre qu'un homme si absolument médiocre n'était pas à craindre; d'ailleurs, il s'agissait de battre le candidat radical. Le soir, après le dîner, le vieil homme s'est réveillé chez mon père, et il s'est contenté de me dire :

— Tout cela n'est pas bien propre. Mais ils m'ont tous répété que je travaillais pour toi...

Enfin, fais ce que tu dois faire. Moi, je n'ai qu'à m'en aller, car je ne comprends plus.

Le lundi et le mardi, j'ai hésité à me rendre aux Mûreaux. Il me semblait qu'il y avait quelque brutalité, à aller si vite chercher des remerciements. D'ailleurs, les enfants ne me gênaient plus. Je m'étais raisonné, en me prouvant que Louise était aussi peu mère que possible. Ne disait-on pas, dans ma province, que les Parisiennes ne sacrifiaient jamais un plaisir à leurs enfants, et qu'elles abandonnaient ceux-ci aux domestiques, pour être libres? Hier, mercredi, tous mes scrupules ont donc disparu. L'impatience me dévorait. Je suis parti en guerre, dès huit heures.

Mon projet était d'arriver aux Mûreaux comme la première fois, le matin, et de trouver Louise seule, à son lever. Mais, quand je suis descendu de cheval, un domestique m'a dit que madame n'était pas encore sortie de sa chambre, sans m'offrir d'ailleurs d'aller la prévenir. J'ai répondu que j'attendrais.

Et j'ai attendu en effet deux grandes heures. Je ne sais plus combien de fois j'ai fait le tour du parterre. De temps à autre, je levais les yeux vers les fenêtres du premier étage; mais les persiennes en restaient hermétiquement closes. Las et énervé de cette promenade prolongée, j'ai fini par aller m'asseoir sous le berceau de volubilis. Ce matin-là, le temps était couvert, le soleil ne glissait pas en poussière d'or entre les feuilles. Il faisait presque nuit, dans ces verdures. Je réfléchissais, je me disais que je devais jouer le tout pour le tout. Ma conviction était que, si j'hésitais de nouveau, Louise ne serait jamais à moi. Je m'encourageais, j'évoquais ce qui me l'avait fait juger complaisante et facile. Mon plan était simple, et je le mûrissais : dès que je me trouverais seul avec elle, je lui prendrais les mains, j'affecterais d'être troublé, afin de ne pas trop l'effaroucher d'abord ; puis, je lui baiserais le cou, et le reste allait tout seul. Pour la dixième fois, je perfectionnais mon plan, lorsque tout d'un coup Louise a paru.

— Où vous cachez-vous donc ? disait-elle gaiement, en me cherchant dans l'obscurité. Ah! vous êtes là! Il y a dix minutes que je cours après vous... Je vous demande pardon de vous avoir fait attendre.

Je lui ai répondu, la gorge un peu serrée, que l'attente n'avait rien d'ennuyeux, lorsqu'on songeait à elle.

— Je vous avais averti, a-t-elle repris sans paraître s'arrêter à cette fadeur, je ne suis campagnarde que la première semaine. Maintenant, me voilà redevenue Parisienne, je ne puis plus quitter mon lit.

Elle était restée à l'entrée du berceau, comme si elle n'eût pas voulu se risquer dans le noir des feuilles.

— Eh bien ! vous ne venez pas ? a-t-elle fini par me demander. Nous avons à causer.

— Mais on est très bien là, ai-je dit, la voix frémissante. Nous pouvons causer sur ce banc.

Elle a eu encore une hésitation d'une seconde. Puis, bravement :

— Comme vous voudrez. C'est qu'il fait si noir ! Il est vrai que les paroles n'ont pas de couleur.

Et elle s'est assise près de moi. Je me sentais défaillir. L'heure était donc arrivée ! Encore une minute, et je lui prenais les mains. Cependant, toujours très à l'aise, elle continuait à parler de sa voix claire, qu'aucune émotion n'altérait.

— Je ne vous remercierai pas en phrases toutes faites. Vous nous avez donné là un bon coup d'épaule, sans lequel nous restions sur le carreau...

J'étais hors d'état de l'interrompre. Je tremblais, je m'exhortais à l'audace.

— D'ailleurs, entre nous, les mots sont inutiles, avait-elle repris. Vous savez, nous avons conclu un marché...

Elle riait en disant cela. Ce rire m'a décidé brusquement. Je lui ai saisi les mains, et elle ne les a pas retirées. Je les sentais toutes petites et toutes tièdes dans les miennes. Elle les abandonnait amicalement, familièrement, tandis qu'elle répétait :

— Oui, n'est-ce pas ? c'est à moi de m'exécuter maintenant.

Alors, j'ai osé la brutaliser, lui tirer les mains pour les poser sur mes lèvres. L'ombre avait augmenté, un nuage devait passer sur nos têtes ; l'odeur forte des herbes me grisait, dans ce trou de feuillage. Mais, avant que mes lèvres se soient posées sur sa peau, elle s'est dégagée avec une force nerveuse que je n'aurais pas soupçonnée, et à son tour elle m'a pris rudement par les poignets. Elle me maintenait, sans colère, la voix toujours calme, un peu grondante pourtant.

— Voyons, ne faites pas d'enfantillages, a-t-elle dit. Voilà ce que je craignais. Me permettez-vous de vous donner une leçon, pendant que je vous tiens là, dans un petit coin?

Elle avait la sévérité souriante d'une mère qui réprimande un gamin.

— Dès le premier jour, j'ai bien compris. On vous a conté des horreurs sur mon compte, n'est-ce pas?... Vous avez espéré des choses, et je vous excuse, car vous ne savez rien de notre monde, vous êtes tombé à Paris avec les idées de ce pays de loups... Puis, vous vous dîtes encore que c'est un peu de ma faute, si vous vous êtes trompé. J'aurais dû vous arrêter, vous vous seriez retiré sur un mot de moi. C'est vrai, je n'ai pas prononcé ce mot, je vous ai laissé aller, vous devez me regarder comme une abominable coquette... Savez-vous pourquoi je n'ai pas dit ce mot?

J'ai balbutié. L'étonnement de cette scène me paralysait. Elle me serrait les poignets davantage, elle me secouait, me parlant de si près, que je sentais son souffle sur mon visage.

— Je ne l'ai pas dit, parce que vous m'intéressiez et que je voulais vous donner cette leçon... Vous ne comprenez pas encore, mais vous réfléchirez et vous devinerez. On nous calomnie beaucoup. Nous faisons peut-être tout ce qu'il faut pour cela. Seulement, vous le voyez, il y en a qui sont honnêtes, même parmi celles qui paraissent les plus folles et les plus compromises... Tout cela est très délicat. Je vous répète que vous réfléchirez et que vous comprendrez.

— Lâchez-moi, ai-je murmuré tout confus.

— Non, je ne vous lâcherai pas... Demandez-moi pardon, si vous voulez que je vous lâche.

Et, malgré son ton de plaisanterie, j'ai senti qu'elle s'irritait, que des larmes de colère montaient à ses yeux, sous l'affront que je lui avais fait. Un sentiment d'estime, un véritable respect pour cette femme si charmante et si forte, grandissaient en moi. Sa grâce d'amazone à porter vertueusement l'imbécillité de son mari, son mélange de coquetterie et de rigueur, son dédain des mauvais propos et son rôle d'homme dans le ménage, caché sous l'étourderie de sa conduite, en faisaient une figure très complexe, qui m'emplissait d'admiration.

— Pardon! ai-je dit humblement.

Elle m'a lâché. Je me suis levé aussitôt, tandis qu'elle restait tranquille sur le banc, ne craignant plus rien de l'obscurité, ni de l'odeur troublante des feuillages. Elle a repris sa voix gaie, en disant :

— Maintenant, je reviens à notre marché.

Comme je suis très honnête, je paie mes dettes... Tenez, voici votre nomination de secrétaire d'ambassade. Je l'ai reçue hier soir.

Et, voyant que j'hésitais à prendre l'enveloppe qu'elle me tendait :

— Mais, s'est-elle écriée avec une pointe d'ironie, il me semble qu'à présent vous pouvez bien être l'obligé de mon mari.

Tel a été le dénouement de ma première aventure. Lorsque nous sommes sortis du berceau, Félix se trouvait sur la terrasse, avec Gaucheraud et Berthe. Il a pincé les lèvres, en me voyant venir, ma nomination à la main. Sans doute il était au courant de tout, et il se moquait de moi. Je l'ai pris à l'écart pour lui reprocher amèrement de m'avoir laissé commettre une pareille faute ; mais il m'a répondu que l'expérience seule formait la jeunesse ; et, comme je lui désignais d'un signe Berthe qui marchait devant nous, l'interrogeant aussi sur celle-là, il a eu un haussement d'épaules, d'une signification fort claire. Les choses étant ainsi, je dois avouer que, malgré tout, je ne comprends pas encore très bien l'étrange morale du monde, où les femmes les plus honnêtes montrent des complaisances singulières.

Ce qui m'a donné le dernier coup, ç'a été d'apprendre par Gaucheraud lui-même que mon père les avait invités, lui et sa femme, à venir passer trois jours au Boquet. Félix s'était remis à sourire, en nous annonçant qu'il rentrait à Paris le lendemain.

Alors, je me suis sauvé, j'ai prétexté que j'avais formellement promis à mon père d'être de retour pour l'heure du déjeuner. J'étais déjà au bout de l'avenue, lorsque j'ai aperçu un monsieur dans un cabriolet. Ce devait être M. Neigeon. Ma foi ! j'aime mieux l'avoir manqué encore. C'est dimanche que Gaucheraud et sa femme viennent s'installer au Boquet. Quelle corvée !

LES
COQUILLAGES DE M. CHABRE

LES
COQUILLAGES DE M. CHABRE

I

Le grand chagrin de M. Chabre était de ne pas avoir d'enfant. Il avait épousé une demoiselle Catinot, de la maison Desvignes et Catinot, la blonde Estelle, grande belle fille de dix-huit ans; et, depuis quatre ans, il attendait, anxieux, consterné, blessé de l'inutilité de ses efforts.

M. Chabre était un ancien marchand de grains retiré. Il avait une belle fortune. Bien qu'il eut mené la vie chaste d'un bourgeois enfoncé dans l'idée fixe de devenir millionnaire, il traînait à quarante-cinq ans des jambes alourdies de vieillard. Sa face blême, usée par les soucis de l'argent, était plate et banale comme un trottoir. Et il se désespérait, car un homme qui a gagné cinquante mille francs de rentes a certes le droit de s'étonner qu'il soit plus difficile d'être père que d'être riche.

La belle madame Chabre avait alors vingt-deux ans. Elle était adorable avec son teint de pêche mûre, ses cheveux couleur de soleil, envolés sur sa nuque. Ses yeux d'un bleu vert semblaient une eau dormante, sous laquelle il était malaisé de lire. Quand son mari se plaignait de la stérilité de leur union, elle redressait sa taille souple, elle développait l'ampleur de ses hanches et de sa gorge ; et le sourire qui pinçait le coin de ses lèvres disait clairement : « Est-ce ma faute ? » D'ailleurs, dans le cercle de ses relations, madame Chabre était regardée comme une personne d'une éducation parfaite, incapable de faire causer d'elle, suffisamment dévote, nourrie enfin dans les bonnes traditions bourgeoises par une mère rigide. Seules, les ailes fines de son petit nez blanc avaient parfois des battements nerveux, qui auraient inquiété un autre mari qu'un ancien marchand de grains.

Cependant, le médecin de la famille, le docteur Guiraud, gros homme fin et souriant, avait eu déjà plusieurs conversations particulières avec M. Chabre. Il lui expliquait combien la science est encore en retard. Mon Dieu! non, on ne plantait pas un enfant comme un chêne. Pourtant, ne voulant désespérer personne, il lui avait promis de songer à son cas. Et, un matin de juillet, il vint lui dire :

— Vous devriez partir pour les bains de mer, cher monsieur... Oui, c'est excellent. Et surtout mangez beaucoup de coquillages, ne mangez que des coquillages.

M. Chabre, repris d'espérance, demanda vivement :

— Des coquillages, docteur?... Vous croyez que des coquillages...?

— Parfaitement! On a vu le traitement réussir. Entendez-vous, tous les jours des huîtres, des moules, des clovisses, des oursins, des arapèdes, même des homards et des langoustes.

Puis, comme il se retirait, il ajouta négligemment, sur le seuil de la porte :

— Ne vous enterrez pas. Madame Chabre est jeune et a besoin de distractions... Allez à Trouville. L'air y est très bon.

Trois jours après, le ménage Chabre partait. Seulement, l'ancien marchand de grains avait pensé qu'il était complètement inutile d'aller à Trouville, où il dépenserait un argent fou. On est également bien dans tous les pays pour manger des coquillages ; même, dans un pays perdu, les coquillages devaient être plus abondants et moins chers. Quant aux amusements, ils seraient toujours trop nombreux. Ce n'était pas un voyage de plaisir qu'ils faisaient.

Un ami avait enseigné à M. Chabre la petite plage du Pouliguen, près de Saint-Nazaire. Madame Chabre, après un voyage de douze heures, s'ennuya beaucoup, pendant la journée qu'ils passèrent à Saint-Nazaire, dans cette ville naissante, avec ses rues neuves tracées au cordeau, pleines encore de chantiers de construction. Ils allèrent visiter le port, ils se traînèrent dans les rues, où les magasins hésitent entre les épiceries noires des villages et les grandes épiceries luxueuses des villes. Au Pouliguen, il n'y avait plus un seul châlet à louer. Les petites maisons de planches et de plâtre, qui semblent entourer la baie des baraques violemment peinturlurées d'un champ de foire, se trouvaient déjà envahies par des Anglais et par les riches négociants de Nantes. D'ailleurs, Estelle faisait une moue, en face de ces architectures, dans lesquelles des bourgeois artistes avaient donné carrière à leur imagination.

On conseilla aux voyageurs d'aller coucher à

Guérande. C'était un dimanche. Quand ils arrivèrent, vers midi, M. Chabre éprouva un saisissement, bien qu'il ne fût pas de nature poétique. La vue de Guérande, de ce bijou féodal si bien conservé, avec son enceinte fortifiée et ses portes profondes, surmontées de machicoulis, l'étonna. Estelle regardait la ville silencieuse, entourée des grands arbres de ses promenades; et, dans l'eau dormante de ses yeux, une rêverie souriait. Mais la voiture roulait toujours, le cheval passa au trot sous une porte, et les roues dansèrent sur le pavé pointu des rues étroites. Les Chabre n'avaient pas échangé une parole.

— Un vrai trou! murmura enfin l'ancien marchand de grains. Les villages, autour de Paris, sont mieux bâtis.

Comme le ménage descendait de voiture devant l'hôtel du Commerce, situé au centre de la ville, à côté de l'église, justement on sortait de la grand'messe. Pendant que son mari s'occupait des bagages, Estelle fit quelques pas, très intéressée par le défilé des fidèles, dont un grand nombre portaient des costumes originaux. Il y avait là, en blouse blanche et en culotte bouffante, des paludiers qui vivent dans les marais salants, dont le vaste désert s'étale entre Guérande et le Croisic. Il y avait aussi des métayers, race complètement distincte, qui portaient la courte veste de drap et le large chapeau rond. Mais Estelle fut surtout ravie par le costume riche d'une jeune fille. La coiffe la serrait aux tempes et se terminait en pointe. Sur son corset rouge, garni de larges manches à revers, s'appliquait un plastron de soie broché de fleurs voyantes. Et une ceinture, aux broderies d'or et d'argent, serrait ses trois jupes de drap bleu superposées, plissées à plis serrés ; tandis qu'un long tablier de soie orange descendait, en laissant à découvert ses bas de laine rouge et ses pieds chaussés de petites mules jaunes.

— S'il est permis ! dit M. Chabre, qui venait de se planter derrière sa femme. Il faut être en Bretagne pour voir un pareil carnaval.

Estelle ne répondit pas. Un grand jeune homme, d'une vingtaine d'années, sortait de l'église, en donnant le bras à une vieille dame. Il était très blanc de peau, la mine fière, les cheveux d'un blond fauve. On aurait dit un géant, aux épaules larges, aux membres déjà bossués de muscles, et si tendre, si délicat pourtant, qu'il avait la figure rose d'une jeune fille, sans un poil aux joues. Comme Estelle le regardait fixement, surprise de sa grande beauté, il tourna la tête, la regarda une seconde, et rougit.

— Tiens! murmura M. Chabre, en voilà un au moins qui a une figure humaine. Ça fera un beau carabinier.

— C'est monsieur Hector, dit la servante de l'hôtel, qui avait entendu. Il accompagne sa maman, madame de Plougastel... Oh! un enfant bien doux, bien honnête!

Pendant le déjeuner, à table d'hôte, les Chabre assistèrent à une vive discussion. Le conservateur des hypothèques, qui prenait ses repas à l'hôtel du Commerce, vanta la vie patriarcale de Guérande, surtout les bonnes mœurs de la jeunesse. A l'entendre, c'était l'éducation religieuse qui conservait ainsi l'innocence des habitants. Et il donnait des exemples, il citait des faits. Mais un commis voyageur, arrivé du matin, avec des caisses de bijoux faux, ricanait, en racontant qu'il avait aperçu, le long du chemin, des filles et des garçons qui s'embrassaient derrière les haies. Il aurait voulu voir les gars du pays, si on leur avait mis sous le nez des dames aimables. Et il finit par plaisanter la religion, les curés et les religieuses, si bien que le conservateur des hypothèques jeta sa serviette et s'en alla, suffoqué. Les Chabre avaient mangé, sans dire un mot, le mari furieux des choses qu'on entendait dans les tables d'hôte, la femme paisible et souriante, comme si elle ne comprenait pas.

Pour occuper l'après-midi, le ménage visita Guérande. Dans l'église Saint-Aubin, il faisait une fraîcheur délicieuse. Ils s'y promenèrent doucement, levant les yeux vers les hautes voûtes, sous lesquelles des faisceaux de colonnettes montent comme des fusées de pierre. Ils s'arrêtèrent devant les sculptures étranges des chapiteaux, où l'on voit des bourreaux scier des patients en deux, et les faire cuire sur des grils, tandis qu'ils alimentent le feu avec de gros soufflets. Puis, ils parcoururent les cinq ou six rues de la ville, et M. Chabre garda son opinion : décidément, c'était un trou, sans le moindre commerce, une de ces vieilleries du moyen âge, comme on en avait tant démoli déjà. Les rues étaient désertes, bordées de maisons à pignon, qui se tassaient les unes contre les autres, pareilles à de vieilles femmes lasses. Des toits pointus, des poivrières couvertes d'ardoises clouées, des tourelles d'angle, des restes de sculptures usés par le temps, faisaient de certains coins silencieux comme des musées dormant au soleil. Estelle, qui lisait des romans depuis qu'elle était mariée, avait des regards langoureux, en examinant les fenêtres à petites vitres garnies de plomb. Elle songeait à Walter Scott.

Mais, quand les Chabre sortirent de la ville pour en faire le tour, ils hochèrent la tête et durent convenir que c'était vraiment gentil. Les murailles de granit se développent sans une brèche, dorées par le soleil, intactes comme au premier jour. Des draperies de lierre et de chèvrefeuille pendent seules des machicoulis. Sur les tours, qui flanquent les remparts, des arbustes ont poussé, des genêts d'or, des giroflées de flamme, dont les panaches de fleurs brûlent dans le ciel clair. Et, tout autour de la ville, s'étendent des promenades ombragées de grands arbres, des ormes séculaires, sous lesquels l'herbe pousse. On marche là à petits pas, comme sur un tapis, en longeant les anciens fossés, comblés par endroits, changés plus loin en mares stagnantes, dont les eaux moussues ont d'étranges reflets. De bouleaux, contre les murailles, y mirent leurs troncs blancs. Des nappes de plantes y étalent leurs cheveux verts. Des coups de lumière glissent entre les arbres, éclairent des coins mystérieux, des enfoncements de poterne, où les grenouilles mettent seules leurs sauts brusques et effarés, dans le silence recueilli des siècles morts.

— Il y a dix tours, je les ai comptées ! s'écria M. Chabre, lorsqu'ils furent revenus à leur point de départ.

Les quatre portes de la ville l'avaient surtout frappé, avec leur porche étroit et profond, où une seule voiture pouvait passer à la fois. Est-ce que ce n'était pas ridicule, au dix-neuvième siècle, de rester enfermé ainsi ? C'est lui qui aurait rasé les portes, de vraies citadelles, trouées de meurtrières, aux murs si épais, qu'on aurait pu bâtir à leur place deux maisons de six étages !

— Sans compter, ajoutait-il, les matériaux qu'on retirerait également des remparts.

Ils étaient alors sur le Mail, vaste promenade exhaussée, formant un quart de cercle, de la porte de l'est à la porte du sud. Estelle restait songeuse, en face de l'admirable horizon qui s'étendait à des lieues, au-delà des toitures du faubourg. C'était d'abord une bande de nature puissante, des pins tordus par les vents de la mer, des buissons noueux, toute une végétation d'une verdure noire. Puis s'étendait le désert des marais salants, l'immense plaine nue, avec les miroirs des bassins carrés et les blancheurs des petits tas de sel, qui s'allumaient sur la nappe grise des sables. Et, plus loin, à la limite du ciel, l'Océan mettait sa profondeur bleue. Trois voiles, dans ce bleu, semblaient trois hirondelles blanches.

— Voici le jeune homme de ce matin, dit tout d'un coup M. Chabre. Tu ne trouves pas qu'il ressemble au petit des Larivière? S'il avait une bosse, ce serait tout à fait ça.

Estelle s'était lentement tournée. Mais Hector, planté au bord du Mail, l'air absorbé, lui aussi, par la vue lointaine de la mer, ne parut pas s'apercevoir qu'on le regardait. Alors, la jeune femme se remit lentement à marcher. Elle s'appuyait sur la longue canne de son ombrelle. Au bout d'une dizaine de pas, le nœud de l'ombrelle se détacha. Et les Chabre entendirent une voix derrière eux.

— Madame, madame...

C'était Hector qui avait ramassé le nœud.

— Mille fois merci, monsieur, dit Estelle avec son tranquille sourire.

Il était bien doux, bien honnête, ce garçon. Il plut tout de suite à M. Chabre, qui lui confia son embarras sur le choix d'une plage et lui demanda même des renseignements. Hector, très timide, balbutiait.

— Je ne crois pas que vous trouviez ce que vous cherchez ni au Croisic ni au bourg de Batz, dit-il en montrant les clochers de ces petites villes à l'horizon. Je vous conseille d'aller à Piriac...

Et il fournit des détails. Piriac était à trois lieues. Il avait un oncle dans les environs. Enfin, sur une question de M. Chabre, il affirma que les coquillages s'y trouvaient en abondance.

La jeune femme tapait l'herbe rase du bout de son ombrelle. Le jeune homme ne levait pas les yeux sur elle, comme très embarrassé par sa présence.

— Une bien jolie ville que Guérande, monsieur, finit par dire Estelle de sa voix flûtée.

— Oh! bien jolie, balbutia Hector, en la dévorant brusquement du regard.

II

Un matin, trois jours après l'installation du ménage à Piriac, M. Chabre, debout sur la plateforme de la jetée qui protège le petit port, surveillait placidement le bain d'Estelle, en train de faire la planche. Le soleil était déjà très chaud ; et, correctement habillé, en redingote noire et en chapeau de feutre, il s'abritait sous une ombrelle de touriste, à doublure verte.

— Est-elle bonne ? demanda-t-il pour avoir l'air de s'intéresser au bain de sa femme.

— Très bonne ! répondit Estelle, en se remettant sur le ventre.

Jamais M. Chabre ne se baignait. Il avait une grande terreur de l'eau, qu'il dissimulait en disant que les médecins lui défendaient formellement les bains de mer. Quand une vague, sur le sable, roulait jusqu'à ses semelles, il se reculait avec un tressaillement, comme devant une bête méchante montrant les dents. D'ailleurs, l'eau aurait dérangé sa correction habituelle, il la trouvait malpropre et inconvenante.

— Alors, elle est bonne? répéta-t-il, étourdi par la chaleur, pris d'une somnolence inquiète sur ce bout de jetée.

Estelle ne répondit pas, battant l'eau de ses bras, nageant en chien. D'une hardiesse garçonnière, elle se baignait pendant des heures, ce qui consternait son mari, car il croyait décent de l'attendre sur le bord. A Piriac, Estelle avait trouvé le bain qu'elle aimait. Elle dédaignait la plage en pente, qu'il faut descendre longtemps, avant d'enfoncer jusqu'à la ceinture. Elle se rendait à l'extrémité de la jetée, enveloppée dans son peignoir de molleton blanc, le laissait glisser de ses épaules et piquait tranquillement une tête. Il lui fallait six mètres de fond, disait-elle, pour ne pas se cogner aux rochers. Son costume de bain sans jupe, fait d'une seule pièce, dessinait sa haute taille ; et la longue ceinture bleue qui lui ceignait les reins la cambrait, les hanches balancées d'un mouvement rhytmique. Dans l'eau claire, les cheveux emprisonnés sous un bonnet de caoutchouc, d'où s'échappaient des mèches folles, elle avait la souplesse d'un poisson bleuâtre, à tête de femme, inquiétante et rose.

M. Chabre était là depuis un quart d'heure, sous le soleil ardent. Trois fois déjà, il avait consulté sa montre. Il finit par se hasarder à dire timidement :

— Tu restes bien longtemps, ma bonne... Tu devrais sortir, les bains si longs te fatiguent.

— Mais j'entre à peine ! cria la jeune femme. On est comme dans du lait.

Puis, se remettant sur le dos :

— Si tu t'ennuies, tu peux t'en aller... Je n'ai pas besoin de toi.

Il protesta de la tête, il déclara qu'un malheur était si vite arrivé ! Et Estelle souriait, en songeant de quel beau secours lui serait son mari, si elle était prise d'une crampe. Mais, brusquement, elle regarda de l'autre côté de la jetée, dans la baie qui se creuse à gauche du village.

— Tiens ! dit-elle, qu'est-ce qu'il y a donc là-bas ? Je vais voir.

Et elle fila rapidement, par brassées longues et régulières.

— Estelle ! Estelle ! criait M. Chabre. Veux-tu

bien ne pas t'éloigner!... Tu sais que je déteste les imprudences.

Mais Estelle ne l'écoutait pas, il dut se résigner. Debout, se haussant pour suivre la tache blanche que le chapeau de paille de sa femme faisait sur l'eau, il se contenta de changer de main son ombrelle, sous laquelle l'air surchauffé le suffoquait de plus en plus.

— Qu'a-t-elle donc vu? murmurait-il. Ah! oui, cette chose qui flotte là-bas.... Quelque saleté. Un paquet d'algues, bien sûr. Ou un baril... Tiens! non, ça bouge.

Et, tout d'un coup, il reconnut l'objet.

— Mais c'est un monsieur qui nage!

Estelle, cependant, après quelques brassées, avait aussi parfaitement reconnu que c'était un monsieur. Alors, elle cessa de nager droit à lui, ce qu'elle sentait peu convenable. Mais, par coquetterie, heureuse de montrer sa hardiesse, elle ne revint pas à la jetée, elle continua de se diriger vers la pleine mer. Elle avançait paisiblement, sans paraître apercevoir le nageur. Celui-ci, comme si un courant l'avait porté, obliquait peu à peu vers elle. Puis, quand elle se tourna pour revenir à la jetée, il y eut une rencontre qui parut toute fortuite.

— Madame, votre santé est bonne? demanda poliment le monsieur.

— Tiens! c'est vous, monsieur! dit gaiement Estelle.

Et elle ajouta avec un léger rire :

— Comme on se retrouve tout de même !

C'était le jeune Hector de Plougastel. Il restait très timide, très fort et très rose dans l'eau. Un instant, ils nagèrent sans parler, à une distance décente. Ils étaient obligés de hausser la voix pour s'entendre. Pourtant, Estelle crut devoir se montrer polie.

— Nous vous remercions de nous avoir indiqué Piriac... Mon mari est enchanté.

— C'est votre mari, n'est-ce pas, ce monsieur tout seul qui est là-bas sur la jetée? demanda Hector.

— Oui, monsieur, répondit-elle.

Et ils se turent de nouveau. Ils regardaient le mari, grand comme un insecte noir, au-dessus de la mer. M. Chabre, très intrigué, se haussait davantage, en se demandant quelle connaissance sa femme avait bien pu rencontrer en plein Océan. C'était indubitable, sa femme causait avec le monsieur. Il les voyait tourner la tête l'un vers l'autre. Ce devait être un de leurs amis de Paris.

Mais il avait beau chercher, il ne trouvait personne dans leurs relations qui aurait osé s'aventurer ainsi. Et il attendait, en imprimant à son ombrelle un mouvement de toupie, pour se distraire.

— Oui, expliquait Hector à la belle madame Chabre, je suis venu passer quelques jours chez mon oncle, dont vous apercevez là-bas le château, à mi-côte. Alors, tous les jours, pour prendre mon bain, je pars de cette pointe, en face de la terrasse, et je vais jusqu'à la jetée. Puis, je retourne. En tout, deux kilomètres. C'est un exercice excellent... Mais vous, madame, vous êtes très brave. Je n'ai jamais vu une dame aussi brave.

— Oh! dit Estelle, toute petite j'ai pataugé... L'eau me connaît bien. Nous sommes de vieilles amies.

Peu à peu, ils se rapprochaient, pour ne pas avoir à crier si fort. La mer, par cette chaude matinée, dormait, pareille à un vaste pan de moire. Des plaques de satin s'étendaient, puis des bandes qui ressemblaient à une étoffe plissée, s'allongeaient, s'agrandissaient, portant au loin le léger frisson des courants. Quand ils furent près l'un de l'autre, la conversation devint plus intime.

L'admirable journée! Et Hector indiquait à Estelle plusieurs points des côtes. Là, ce village, à un kilomètre de Piriac, c'était Port-aux-Loups; en face, se trouvait le Morbihan, dont les falaises blanches se détachaient avec la netteté d'une touche d'aquarelle; enfin, de l'autre côté, vers la pleine mer, l'île Dumet faisait une tache grise, au milieu de l'eau bleue. Estelle, à chaque indication, suivait le doigt d'Hector, s'arrêtait un instant pour regarder. Et cela l'amusait de voir ces côtes lointaines, les yeux au ras de l'eau, dans un infini limpide. Quand elle se tournait vers le soleil, c'était un éblouissement, la mer semblait se changer en un Sahara sans bornes, avec la réverbération aveuglante de l'astre sur l'immensité décolorée des sables.

— Comme c'est beau! murmurait-elle, comme c'est beau!

Elle se mit sur le dos pour se reposer. Elle ne bougeait plus, les mains en croix, la tête rejetée en arrière, s'abandonnant. Et ses jambes blanches, ses bras blancs flottaient.

— Alors, vous êtes né à Guérande, monsieur? demanda-t-elle.

Afin de causer plus commodément, Hector se mit également sur le dos.

— Oui, madame, répondit-il. Je ne suis jamais allé qu'une fois à Nantes.

Il donna des détails sur son éducation. Il avait grandi auprès de sa mère, qui était d'une dévotion étroite, et qui gardait intactes les traditions de l'ancienne noblesse. Son précepteur, un prêtre, lui avait appris à peu près ce qu'on apprend dans les collèges, en y ajoutant beaucoup de catéchisme et de blason. Il montait à cheval, tirait l'épée, était rompu aux exercices du corps. Et, avec cela, il semblait avoir une innocence de vierge, car il communiait tous les huit jours, ne lisait jamais de romans, et devait épouser à sa majorité une cousine à lui, qui était laide.

— Comment! vous avez vingt ans à peine! s'écria Estelle, en jetant un coup d'œil étonné sur ce colosse enfant.

Elle devint maternelle. Cette fleur de la forte race bretonne l'intéressait. Mais, comme ils restaient tous deux sur le dos, les yeux perdus dans la transparence du ciel, ne s'inquiétant plus autrement de la terre, ils furent poussés si près l'un de l'autre, qu'il la heurta légèrement.

— Oh! pardon! dit-il.

Il plongea, reparut quatre mètres plus loin. Elle s'était remise à nager et riait beaucoup.

— C'est un abordage, criait-elle.

Lui, était très rouge. Il se rapprochait, en la regardant sournoisement. Elle lui semblait délicieuse, sous son chapeau de paille rabattu. On ne voyait que son visage, dont le menton à fossette trempait dans l'eau. Quelques gouttes tombant des mèches blondes échappées du bonnet mettaient des perles dans le duvet des joues. Et rien n'était exquis comme ce sourire, cette tête de jolie femme qui s'avançait à petit bruit, en ne laissant derrière elle qu'un filet d'argent.

Hector devint plus rouge encore, lorsqu'il s'aperçut qu'Estelle se savait regardée et s'égayait de la singulière figure qu'il devait faire.

— Monsieur votre mari paraît s'impatienter, dit-il pour renouer la conversation.

— Oh! non, répondit-elle tranquillement, il a l'habitude de m'attendre, quand je prends mon bain.

A la vérité, M. Chabre s'agitait. Il faisait quatre pas en avant, revenait, puis repartait, en imprimant à son ombrelle un mouvement de rotation plus vif, dans l'espoir de se donner de l'air. La conversation de sa femme avec le nageur inconnu commençait à le surprendre.

Estelle songea tout à coup qu'il n'avait peut-être pas reconnu Hector.

— Je vais lui crier que c'est vous, dit-elle.

Et, lorsqu'elle put être entendue de la jetée, elle haussa la voix.

— Tu sais, mon ami, c'est ce monsieur de Guérande qui a été si aimable.

— Ah! très bien, très bien, cria à son tour M. Chabre.

Il ôta son chapeau et salua.

— L'eau est bonne, monsieur? demanda-t-il avec politesse.

— Très bonne, monsieur, répondit Hector.

Le bain continua sous les yeux du mari, qui n'osait plus se plaindre, bien que ses pieds fussent cuits par les pierres brûlantes. Au bout de la jetée, la mer était d'une transparence admirable. On apercevait nettement le fond, à quatre ou cinq mètres, avec son sable fin, ses quelques galets mettant une tache noire ou blanche, ses herbes minces, debout, balançant leurs longs cheveux. Et ce fond limpide amusait beaucoup Estelle. Elle nageait doucement, pour ne pas trop agiter la surface ; puis, penchée, avec de l'eau jusqu'au nez, elle regardait sous elle se dérouler le sable et les galets, dans la mystérieuse et vague profondeur. Les herbes surtout lui donnaient un léger frisson, lorsqu'elle passait au dessus d'elles.

C'étaient des nappes verdâtres, comme vivantes, remuant des feuilles découpées et pareilles à un fourmillement de pattes de crabes, les unes courtes, ramassées, tapies entre deux roches, les autres dégingandées, allongées et souples ainsi que des serpents. Elle jetait de petits cris, annonçant ses découvertes.

— Oh! cette grosse pierre! on dirait qu'elle bouge... Oh! cet arbre, un vrai arbre, avec des branches!... Oh! ça, c'est un poisson! Il file raide.

Puis, tout d'un coup, elle se récria.

— Qu'est-ce que c'est donc? un bouquet de mariée!... Comment! il y a des bouquets de mariée dans la mer?... Voyez, si on ne dirait pas des fleurs blanches. C'est très joli, très joli...

Aussitôt Hector plongea. Et il reparut, tenant une poignée d'herbes blanchâtres, qui tombèrent et se fanèrent en sortant de l'eau.

— Je vous remercie bien, dit Estelle. Il ne fallait pas vous donner la peine... Tiens! mon ami, garde-moi ça.

Et elle jeta la poignée d'herbes aux pieds de M. Chabre. Pendant un instant encore, la jeune femme et le jeune homme nagèrent. Ils faisaient une écume bouillonnante, avançaient par brassées saccadées. Puis, tout d'un coup, leur nage semblait s'endormir, ils glissaient avec lenteur, en élargissant seulement autour d'eux des cercles qui oscillaient et se mouraient. C'était comme une intimité discrète et sensuelle, de se rouler ainsi dans le même flot. Hector, à mesure que l'eau se refermait sur le corps fuyant d'Estelle, cherchait à se glisser dans le sillage qu'elle laissait, à retrouver la place et la tiédeur de ses membres. Autour d'eux, la mer s'était calmée encore, d'un bleu dont la pâleur tournait au rose.

— Ma bonne, tu vas prendre froid, murmura M. Chabre qui suait à grosses gouttes.

— Je sors, mon ami, répondit-elle.

Elle sortit en effet, remonta vivement à l'aide d'une chaîne, le long du talus oblique de la jetée. Hector devait guetter sa sortie. Mais, quand il leva la tête au bruit de pluie qu'elle faisait, elle était déjà sur la plateforme, enveloppée dans son peignoir. Il eut une figure si surprise et si contrariée, qu'elle sourit, en grelottant un peu; et elle grelottait, parce qu'elle se savait charmante, agitée ainsi d'un frisson, grande, détachant sa silhouette drapée sur le ciel.

Le jeune homme dut prendre congé.

— Au plaisir de vous revoir, monsieur, dit le mari.

Et, pendant qu'Estelle, en courant sur les dalles de la jetée, suivait au-dessus de l'eau la tête d'Hector qui retraversait la baie, M. Chabre venait derrière elle, gravement, tenant à la main l'herbe marine cueillie par le jeune homme, le bras tendu pour ne pas mouiller sa redingote.

III

Les Chabre avaient loué à Piriac le premier étage d'une grande maison, dont les fenêtres donnaient sur la mer. Comme on ne trouvait dans le village que des cabarets borgnes, ils avaient dû prendre une femme du pays, qui leur faisait la cuisine. Une étrange cuisine par exemple, des rôtis réduits en charbon, et des sauces de couleur inquiétante, devant lesquelles Estelle préférait manger du pain. Mais, comme le disait M. Chabre, on n'était pas venu pour la gourmandise. Lui, d'ailleurs, ne touchait guère aux rôtis ni aux sauces. Il se bourrait de coquillages, matin et soir, avec une conviction d'homme qui s'administre une médecine. Le pis était qu'il détestait ces bêtes inconnues, aux formes bizarres, élevé dans une cuisine bourgeoise, fade et lavée, ayant un goût d'enfant pour les sucreries. Les coquillages lui emportaient la bouche, salés, poivrés, de saveurs si imprévues et si fortes, qu'il ne pouvait dissimuler une grimace en les avalant; mais il aurait avalé les coquilles, s'il l'avait fallu, tant il s'entêtait dans son désir d'être père.

— Ma bonne, tu n'en manges pas! criait-il souvent à Estelle.

Il exigeait qu'elle en mangeât autant que lui. C'était nécessaire pour le résultat, disait-il. Et des discussions s'engageaient. Estelle prétendait que le docteur Guiraud n'avait pas parlé d'elle. Mais lui, répondait qu'il était logique de se soumettre l'un et l'autre au traitement. Alors, la jeune femme pinçait les lèvres, jetait de clairs regards sur l'obésité blême de son mari. Un irrésistible sourire creusait légèrement la fossette de son menton. Elle n'ajoutait rien, n'aimant à blesser personne. Même ayant découvert un parc d'huîtres, elle avait fini par en manger une douzaine à chacun de ses repas. Ce n'était point que, personnellement, elle eût besoin d'huîtres, mais elle les adorait.

La vie, à Piriac, était d'une monotonie ensommeillée. Il y avait seulement trois familles de baigneurs, un épicier en gros de Nantes, un ancien notaire de Guérande, homme sourd et naïf, un ménage d'Angers qui pêchait toute la journée, avec de l'eau jusqu'à la ceinture. Ce petit monde faisait peu de bruit. On se saluait, quand on se rencontrait, et les relations n'allaient pas plus loin. Sur le quai désert, la grosse émotion était de voir de loin en loin deux chiens se battre.

Estelle, habituée au vacarme de Paris, se serait ennuyée mortellement, si Hector n'avait fini par leur rendre visite tous les jours. Il devint le grand ami de M. Chabre, à la suite d'une promenade qu'ils firent ensemble sur la côte. M. Chabre, dans un moment d'expansion, confia au jeune homme le motif de leur voyage, tout en choisissant les termes les plus chastes pour ne pas offenser la pureté de ce grand garçon. Lorsqu'il eut expliqué scientifiquement pourquoi il mangeait tant de coquillages, Hector, stupéfié, oubliant de rougir, le regarda de la tête aux pieds, sans songer à cacher sa surprise qu'un homme pût avoir besoin de se mettre à un tel régime. Cependant, le lendemain, il s'était présenté avec un petit panier plein de clovisses, que l'ancien marchand de grains avait accepté d'un air de reconnaissance. Et, depuis ce jour, très habile à toutes les pêches, connaissant chaque roche de la baie, il ne venait plus sans apporter des coquillages. Il lui fit manger des moules superbes qu'il allait ramasser à mer basse, des oursins qu'il ouvrait et nettoyait en se piquant les doigts, des arapèdes qu'il détachait des rochers avec la pointe d'un couteau, toutes sortes de bêtes qu'il appelait de noms barbares, et auxquelles il n'avait jamais goûté lui-même. M. Chabre, enchanté, n'ayant plus à débourser un sou, se confondait en remerciements.

Maintenant, Hector trouvait toujours un prétexte pour entrer. Chaque fois qu'il arrivait avec son petit panier, et qu'il rencontrait Estelle, il disait la même phrase :

— J'apporte des coquillages pour M. Chabre.

Et tous deux souriaient, les yeux rapetissés et luisants. Les coquillages de M. Chabre les amusaient.

Dès lors, Estelle trouva Piriac charmant. Chaque jour, après le bain, elle faisait une promenade avec Hector. Son mari les suivait à distance, car ses jambes étaient lourdes, et ils allaient souvent trop vite pour lui. Hector montrait à la jeune femme les anciennes splendeurs de Piriac, des restes de sculptures, des portes et des fenêtres à rinceaux, très délicatement travaillées. Aujourd'hui, la ville de jadis est un village perdu, aux rues barrées de fumier, étranglées entre des masures noires. Mais la solitude y est si douce, qu'Estelle enjambait les coulées d'ordure, intéressée par le moindre bout de muraille, jetant des coups d'œil surpris dans les intérieurs des habitants, où tout un bric-à-brac de misère traînait sur la terre battue. Hector l'arrêtait devant les figuiers superbes, aux larges feuilles de cuir velu, dont les jardins sont plantés, et qui allongent leurs branches par dessus les clôtures basses. Ils entraient dans les ruelles les plus étroites, ils se penchaient sur les margelles des puits, au fond desquels ils apercevaient leurs images souriantes, dans l'eau claire, blanche comme une glace; tandis que, derrière eux, M. Chabre digérait ses coquillages, abrité sous la percaline verte de son ombrelle, qu'il ne quittait jamais.

Une des grandes gaietés d'Estelle était les oies et les cochons, qui se promenaient en bandes, librement. Dans les premiers temps, elle avait eu très peur des cochons, dont les allures brusques, les masses de graisse roulant sur des pattes minces, lui donnaient la continuelle inquiétude d'être heurtée et renversée; ils étaient aussi bien sales, le ventre noir de boue, le groin barbouillé, ronflant à terre. Mais Hector lui avait juré que les cochons étaient les meilleurs enfants du monde. Et, maintenant, elle s'amusait de leurs courses inquiètes à l'heure de la pâtée, elle s'émerveillait de leur robe de soie rose, d'une fraîcheur de robe de bal, quand il avait plu. Les oies aussi l'occupaient. Dans un trou à fumier, au bout d'une ruelle, souvent deux bandes d'oies arrivaient, chacune de son côté. Elles semblaient se saluer d'un claquement de bec, se mêlaient, happaient ensemble des épluchures de légumes. Une, en l'air, au sommet du tas, l'œil rond, le cou raidi, comme calée sur ses pattes et gonflant le duvet blanc de sa panse, avait une majesté tranquille de souverain, au grand nez jaune; tandis que les autres, le cou plié, cherchaient à terre, avec une musique rauque. Puis, brusquement, la grande oie descendait en jetant un cri; et les oies de sa bande la suivaient, tous les cous allongés du même côté, filant en mesure dans un déhanchement d'animaux infirmes. Si un chien passait, les cous se tendaient davantage et sifflaient. Alors, la jeune femme battait des mains, suivait le défilé majestueux des deux sociétés qui rentraient chez elles, en personnes graves appelées par des affaires importantes. Un des amusements était encore de voir se baigner les cochons et les oies, qui descendaient l'après-midi sur la plage prendre leur bain, comme des hommes.

Le premier dimanche, Estelle crut devoir aller à la messe. Elle ne pratiquait pas, à Paris. Mais, à la campagne, la messe était une distraction, une occasion de s'habiller et de voir du monde. D'ailleurs, elle y retrouva Hector lisant dans un énorme paroissien à reliure usée. Par dessus le livre, il ne cessa de la regarder, les lèvres sérieuses, mais les yeux si luisants, qu'on y devinait des sourires. A la sortie, il lui offrit le bras, pour traverser le petit cimetière qui entoure l'église. Et, l'après-midi, après les vêpres, il y eut un autre spectacle, une procession à un calvaire planté au bout du village. Un paysan marchait le premier, tenant une bannière de soie violette brochée d'or, à hampe rouge. Puis, deux longues files de femmes s'espaçaient largement. Les prêtres venaient au milieu, un curé, un vicaire et le précepteur d'un château voisin, chantant à pleine voix. Enfin, derrière, à la suite d'une bannière blanche portée par une grosse fille aux bras hâlés, piétinait la queue des fidèles, qui se traînait avec un fort bruit de sabots, pareille à un troupeau débandé. Quand la procession passa sur le port, les bannières et les coiffes blanches des femmes se détachèrent au loin sur le bleu ardent de la mer; et ce lent cortège dans le soleil prit une grande pureté.

Le cimetière attendrissait beaucoup Estelle. Elle n'aimait pas les choses tristes, d'habitude. Le jour de son arrivée, elle avait eu un frisson, en apercevant toutes ces tombes, qui se trouvaient sous sa fenêtre. L'église était sur le port, entourée des croix, dont les bras se tendaient vers l'immensité des eaux et du ciel; et, les nuits de vent, les souffles du large pleuraient dans cette forêt de planches noires. Mais elle s'était vite habituée à ce deuil, tant le petit cimetière avait une douceur gaie. Les morts semblaient y sourire, au milieu des vivants qui les coudoyaient. Comme le cimetière était clos d'un mur bas, à hauteur d'appui, et qu'il bouchait le passage au centre même de Piriac, les gens ne se gênaient point pour enjamber le mur et suivre les allées, à peine tracées dans les hautes herbes. Les enfants jouaient là, une débandade d'enfants lâchés au travers des dalles de granit. Des chats blottis sous des arbustes bondissaient brusquement, se poursuivaient ; souvent, on y entendait des miaulements de chattes amoureuses, dont on voyait les silhouettes hérissées et les grandes queues balayant l'air. C'était un coin délicieux, envahi par les végétations folles, planté de fenouils gigantesques, aux larges ombelles jaunes, d'une odeur si pénétrante, qu'après les journées chaudes, des souffles d'anis, venus des tombes, embaumaient Piriac tout entier. Et, la nuit, quel champ tranquille et tendre ! La paix du village endormi semblait sortir du cimetière. L'ombre effaçait les croix, des promeneurs attardés s'asseyaient sur des bancs de granit, contre le mur, pendant que la mer, en face, roulait ses vagues, dont la brise apportait la poussière salée.

Estelle, un soir qu'elle rentrait au bras d'Hector, eut l'envie de traverser le champ désert. M. Chabre trouva l'idée romanesque et protesta en suivant le quai. Elle dut quitter le bras du jeune homme, tant l'allée était étroite. Au milieu des hautes herbes, sa jupe faisait un long bruit. L'odeur des fenouils était si forte, que les chattes amoureuses ne se sauvaient point, pâmées sous les verdures. Comme ils entraient dans l'ombre de l'église, elle sentit à sa taille la main d'Hector. Elle eut peur et jeta un cri.

— C'est bête! dit-elle, quand ils sortirent de l'ombre, j'ai cru qu'un revenant m'emportait.

Hector se mit à rire et donna une explication.

— Oh! une branche, quelque fenouil qui a fouetté vos jupes!

Ils s'arrêtèrent, regardèrent les croix autour d'eux, ce profond calme de la mort qui les attendrissait; et, sans ajouter un mot, ils s'en allèrent, très troublés.

— Tu as eu peur, je t'ai entendue, dit M. Chabre. C'est bien fait!

A la mer haute, par distraction, on allait voir arriver les bateaux de sardines. Lorsqu'une voile se dirigeait vers le port, Hector la signalait au ménage. Mais le mari, dès le sixième bateau, avait déclaré que c'était toujours la même chose. Estelle, au contraire, ne paraissait pas se lasser, trouvait un plaisir de plus en plus vif à se rendre sur la jetée. Il fallait courir souvent. Elle sautait sur les grosses pierres descellées, laissait voler ses jupes qu'elle empoignait d'une main, afin de ne pas tomber. Elle étouffait, en arrivant, les mains à son corsage, renversée en arrière pour reprendre haleine. Et Hector la trouvait adorable ainsi, décoiffée, l'air hardi, avec son allure garçonnière. Cependant, le bateau était amarré, les pêcheurs montaient les paniers de sardines, qui avaient des reflets d'argent au soleil, des bleus et des roses de saphir et de rubis pâles. Alors, le jeune homme fournissait toujours les mêmes explications : chaque panier contenait mille sardines, le mille valait un prix fixé chaque matin selon l'abondance de la pêche, les pêcheurs partageaient le produit de la vente, après avoir abandonné un tiers pour le propriétaire du bateau. Et il y avait encore la salaison qui se faisait tout de suite, dans des caisses de bois percées de trous, pour laisser l'eau de la saumure s'égoutter. Cependant, peu à peu, Estelle et son compagnon négligèrent les sardines. Ils allaient encore les voir, mais ils ne les regardaient plus. Ils partaient en courant, revenaient avec une lenteur lasse, en contemplant silencieusement la mer.

— Est-ce que la sardine est belle? leur demandait chaque fois M. Chabre, au retour.

— Oui, très belle, répondaient-ils.

Enfin, le dimanche soir, on avait à Piriac le spectacle d'un bal en plein air. Les gars et les filles du pays, les mains nouées, tournaient pendant des heures, en répétant le même vers, sur le même ton sourd et fortement rythmé. Ces grosses voix, ronflant au fond du crépuscule, prenaient à la longue un charme barbare. Estelle, assise sur la plage, ayant à ses pieds Hector, écoutait, se perdait bientôt dans une rêverie. La mer montait, avec un large bruit de caresse. On aurait dit une voix de passion, quand la vague battait le sable; puis, cette voix s'apaisait tout d'un coup, et le cri se mourait avec l'eau qui se retirait, dans un murmure plaintif d'amour dompté. La jeune femme rêvait d'être aimée ainsi, par un géant dont elle aurait fait un petit garçon.

— Tu dois t'ennuyer à Piriac, ma bonne, demandait parfois M. Chabre à sa femme.

Et elle se hâtait de répondre :

— Mais non, mon ami, je t'assure.

Elle s'amusait, dans ce trou perdu. Les oies, les cochons, les sardines, prenaient une importance extrême. Le petit cimetière était très gai. Cette vie endormie, cette solitude peuplée seulement de l'épicier de Nantes et du notaire sourd de Guérande, lui semblait plus tumultueuse que l'existence bruyante des plages à la mode. Au bout de quinze jours, M. Chabre, qui s'ennuyait à mourir, voulut rentrer à Paris. L'effet des coquillages, disait-il, devait être produit. Mais elle se récria.

— Oh! mon ami, tu n'en as pas mangé assez... Je sais bien, moi, qu'il t'en faut encore.

IV

Un soir, Hector dit au ménage :
— Nous aurons demain une grande marée...
On pourrait aller pêcher des crevettes.

La proposition parut ravir Estelle. Oui, oui, il fallait aller pêcher des crevettes! Depuis longtemps, elle se promettait cette partie. M. Chabre éleva des objections. D'abord, on ne prenait jamais rien. Ensuite, il était plus simple d'acheter, pour une pièce de vingt sous, la pêche de quelque femme du pays, sans se mouiller jusqu'aux reins et s'écorcher les pieds. Mais il dut céder devant l'enthousiasme de sa femme. Et les préparatifs furent considérables.

Hector s'était chargé de fournir les filets. M. Chabre, malgré sa peur de l'eau froide, avait déclaré qu'il serait de la partie ; et, du moment qu'il consentait à pêcher, il entendait pêcher sérieusement. Le matin, il fit graisser une paire de bottes. Puis, il s'habilla entièrement de toile claire ; mais sa femme ne put obtenir qu'il négligeât son nœud de cravate, dont il étala les bouts, comme s'il se rendait à un mariage. Ce nœud était sa protestation d'homme comme il faut contre le débraillé de l'Océan. Quant à Estelle, elle mit simplement son costume de bain, par dessus lequel elle passa une camisole. Hector, lui aussi, était en costume de bain.

Tous trois partirent vers deux heures. Chacun portait son filet sur l'épaule. On avait une demi-lieue à marcher au milieu des sables et des varechs, pour se rendre à une roche où Hector disait connaître de véritables bancs de crevettes. Il conduisit le ménage, tranquille, traversant les flaques, allant droit devant lui sans s'inquiéter des hasards du chemin. Estelle le suivait gaillardement, heureuse de la fraîcheur de ces terrains mouillés, dans lesquels ses petits pieds pataugeaient. M. Chabre, qui venait le dernier, ne voyait pas la nécessité de tremper ses bottes, avant d'être arrivé sur le lieu de la pêche. Il faisait avec conscience le tour des mares, sautait les ruisseaux que les eaux descendantes se creusaient dans le sable, choisissait les endroits secs avec cette allure prudente et balancée d'un Parisien qui chercherait la pointe des pavés de la rue Vivienne, un jour de boue. Il soufflait déjà, il demandait à chaque instant :

— C'est donc bien loin, monsieur Hector?... Tenez! pourquoi ne pêchons-nous pas là? Je vois des crevettes, je vous assure... D'ailleurs, il y en a partout dans la mer, n'est-ce pas? et je parie qu'il suffit de pousser son filet.

— Poussez, poussez, monsieur Chabre, répondait Hector.

Et M. Chabre, pour respirer, donnait un coup de filet dans une mare grande comme la main. Il ne prenait rien, pas même une herbe, tant le trou d'eau était vide et clair. Alors, il se remettait en marche d'un air digne, les lèvres pincées. Mais, comme il perdait du chemin à vouloir prouver qu'il devait y avoir des crevettes partout, il finissait par se trouver considérablement en arrière.

La mer baissait toujours, se reculait à plus d'un kilomètre des côtes. Le fond de galets et de roches se vidait, étalant à perte de vue un désert mouillé, raboteux, d'une grandeur triste, pareil à un large pays plat qu'un orage aurait dévasté.

On ne voyait, au loin, que la ligne verte de la mer, s'abaissant encore, comme si la terre l'avait bue ; tandis que des rochers noirs, en longues bandes étroites, surgissaient, allongeaient lentement des promontoires dans l'eau morte. Estelle, debout, regardait cette immensité nue.

— Que c'est grand ! murmura-t-elle.

Hector lui désignait du doigt certains rochers, des blocs verdis, formant des parquets usés par la houle.

— Celui-ci, expliquait-il, ne se découvre que deux fois chaque mois. On va y chercher des moules... Apercevez-vous là-bas cette tache brune ? Ce sont les « Vaches-Rousses », le meilleur endroit pour les homards. On les voit seulement aux deux grandes marées de l'année... Mais dépêchons-nous. Nous allons à ces roches dont la pointe commence à se montrer.

Lorsqu'Estelle entra dans la mer, ce fut une joie. Elle levait les pieds très haut, les tapait fortement, en riant du rejaillissement de l'écume. Puis, quand elle eut de l'eau jusqu'aux genoux, il lui fallut lutter contre le flot ; et cela l'égayait de marcher vite, de sentir cette résistance, ce glissement rude et continu qui fouettait ses jambes.

— N'ayez pas peur, disait Hector, vous allez avoir de l'eau jusqu'à la ceinture, mais le fond remonte ensuite... Nous arrivons.

Peu à peu, ils remontèrent en effet. Ils avaient traversé un petit bras de mer, et se trouvaient maintenant sur une large plaque de rochers que le flot découvrait. Lorsque la jeune femme se retourna, elle poussa un léger cri, tant elle était loin du bord. Piriac, tout là-bas, au ras de la côte, alignait les quelques taches de ses maisons blanches et la tour carrée de son église, garnie de volets verts. Jamais elle n'avait vu une pareille étendue, rayée sous le grand soleil par l'or des sables, la verdure sombre des algues, les tons mouillés et éclatants des roches. C'était comme la fin de la terre, le champ de ruines où le néant commençait.

Estelle et Hector s'apprêtaient à donner leur premier coup de filet, quand une voix lamentable se fit entendre. M. Chabre, planté au milieu du petit bras de mer, demandait son chemin.

— Par où passe-t-on? criait-il. Dites, est-ce tout droit?

L'eau lui montait à la ceinture, il n'osait hasarder un pas, terrifié par la pensée qu'il pouvait tomber dans un trou et disparaître.

— A gauche! lui cria Hector.

Il avança à gauche; mais, comme il enfonçait toujours, il s'arrêta de nouveau, saisi, n'ayant même plus le courage de retourner en arrière. Il se lamentait.

— Venez me donner la main. Je vous assure qu'il y a des trous. Je les sens.

— A droite! monsieur Chabre, à droite! cria Hector.

Et le pauvre homme était si drôle, au milieu de l'eau, avec son filet sur l'épaule et son beau nœud de cravate, qu'Estelle et Hector ne purent retenir un léger rire. Enfin, il se tira d'affaire. Mais il arriva très ému, et il dit d'un air furieux :

— Je ne sais pas nager, moi!

Ce qui l'inquiétait maintenant, c'était le retour. Quand le jeune homme lui eut expliqué qu'il ne fallait pas se laisser prendre sur le rocher par la marée montante, il redevint anxieux.

— Vous me préviendrez, n'est-ce pas?

— N'ayez pas peur, je réponds de vous.

Alors, ils se mirent tous les trois à pêcher. De leurs filets étroits, ils fouillaient les trous. Estelle y apportait une passion de femme. Ce fut elle qui prit les premières crevettes, trois grosses crevettes rouges, qui sautaient violemment au fond du filet. Avec de grands cris, elle appela Hector pour qu'il l'aidât, car ces bêtes si vives l'inquiétaient ; mais, quand elle vit qu'elles ne bougeaient plus, dès qu'on les tenait par la tête, elle s'aguerrit, les glissa très bien elle-même dans le petit panier qu'elle portait en bandoulière. Parfois, elle amenait tout un paquet d'herbes, et il lui fallait fouiller là-dedans, lorsqu'un bruit sec, un petit bruit d'ailes, l'avertissait qu'il y avait des crevettes au fond. Elle triait les herbes délicatement, les rejetant par minces pincées, peu rassurée devant cet enchevêtrement d'étranges feuilles, gluantes et molles comme des poissons morts. De temps à autre, elle regardait dans son panier, impatiente de le voir se remplir.

— C'est particulier, répétait M. Chabre, je n'en pêche pas une.

Comme il n'osait se hasarder entre les fentes des rochers, très gêné d'ailleurs par ses grandes bottes qui s'étaient emplies d'eau, il poussait son filet sur le sable et n'attrapait que des crabes, cinq, huit, dix crabes à la fois. Il en avait une peur affreuse, il se battait avec eux, pour les chasser de son filet. Par moments, il se retournait, regardait avec anxiété si la mer descendait toujours.

— Vous êtes sûr qu'elle descend? demandait-il à Hector.

Celui-ci se contentait de hocher la tête. Lui, pêchait en gaillard qui connaissait les bons endroits. Aussi, à chaque coup, amenait-il des poignées de crevettes. Quand il levait son filet à côté d'Estelle, il mettait sa pêche dans le panier de la jeune femme. Et elle riait, clignant les yeux du côté de son mari, posant un doigt sur ses lèvres. Elle était charmante, courbée sur le long manche de bois ou bien penchant sa tête blonde au-dessus du filet, tout allumée de la curiosité de savoir ce qu'elle avait pris. Une brise soufflait, l'eau qui s'égouttait des mailles s'en allait en pluie, la mettait dans une rosée, tandis que son costume, s'envolant et plaquant sur elle, dessinait l'élégance de son fin profil.

Depuis près de deux heures, ils pêchaient ainsi, lorsqu'elle s'arrêta pour respirer un instant, essoufflée, ses petits cheveux fauves trempés de sueur. Autour d'elle, le désert restait immense, d'une paix souveraine; seule, la mer prenait un frisson, avec une voix murmurante qui s'enflait. Le ciel, embrasé par le soleil de quatre heures, était d'un bleu pâle, presque gris; et, malgré ce ton décoloré de fournaise, la chaleur ne se sentait pas, une fraîcheur montait de l'eau, balayait et blanchissait la clarté crue. Mais ce qui amusa Estelle, ce fut de voir à l'horizon, sur tous les rochers, une multitude de points qui se détachaient en noir, très nettement. C'étaient, comme eux, des pêcheurs de crevettes, d'une finesse de silhouette incroyable, pas plus gros que des fourmis, ridicules de néant dans cette immensité, et dont on distinguait les moindres attitudes, la ligne arrondie du dos, quand ils poussaient leurs filets, ou les bras tendus et gesticulants, pareils à des pattes fièvreuses de mouche, lorsqu'ils triaient leur pêche, en se battant contre les herbes et les crabes.

— Je vous assure qu'elle monte! cria M. Chabre avec angoisse. Tenez! ce rocher tout à l'heure était découvert.

— Sans doute elle monte, finit par répondre Hector impatienté. C'est justement lorsqu'elle monte qu'on prend le plus de crevettes.

Mais M. Chabre perdait la tête. Dans son dernier coup de filet, il venait d'amener un poisson étrange, un diable de mer, qui le terrifiait, avec sa tête de monstre. Il en avait assez.

— Allons-nous-en! allons-nous-en! répétait-il. C'est bête de faire des imprudences.

— Puisqu'on te dit que la pêche est meilleure quand la mer monte! répondait sa femme.

— Et elle monte ferme! ajoutait à demi-voix Hector, les yeux allumés d'une lueur de méchanceté.

En effet, les vagues s'allongeaient, mangeaient les rochers avec une clameur plus haute. Des flots brusques envahissaient d'un coup toute une langue de terre. C'était la mer conquérante, reprenant pied à pied le domaine qu'elle balayait de sa houle depuis des siècles. Estelle avait découvert une mare plantée de longues herbes, souples comme des cheveux, et elle y prenait des crevettes énormes, s'ouvrant un sillon, laissant derrière elle la trouée d'un faucheur. Elle se débattait, elle ne voulait pas qu'on l'arrachât de là.

— Tant pis! je m'en vais! s'écria M. Chabre, qui avait des larmes dans la voix. Il n'y a pas de bon sens, nous allons tous y rester.

Il partit le premier, sondant avec désespoir la profondeur des trous, à l'aide du manche de son filet. Quand il fut à deux ou trois cents pas, Hector décida enfin Estelle à le suivre.

— Nous allons avoir de l'eau jusqu'aux épaules, disait-il en souriant. Un vrai bain pour monsieur Chabre... Voyez déjà comme il enfonce!

Depuis le départ, le jeune homme avait la mine sournoise et préoccupée d'un amoureux qui s'est promis de lâcher une déclaration et qui n'en trouve pas le courage. En mettant des crevettes dans le panier d'Estelle, il avait bien tâché de rencontrer ses doigts. Mais, évidemment, il était furieux de son peu d'audace. Et M. Chabre se serait noyé, qu'il aurait trouvé cela charmant, car pour la première fois M. Chabre le gênait.

— Vous ne savez pas? dit-il tout d'un coup, vous devriez monter sur mon dos, et je vous porterai... Autrement, vous allez être trempée... Hein? montez donc!

Il lui tendait l'échine. Elle refusait, gênée et rougissante. Mais il la bouscula, en criant qu'il était responsable de sa santé. Et elle monta, elle posa les deux mains sur les épaules du jeune homme. Lui, solide comme un roc, redressant l'échine, semblait avoir un oiseau sur son cou. Il lui dit de bien se tenir, et s'avança à grandes enjambées dans l'eau.

— C'est à droite, n'est-ce pas? monsieur Hector, criait la voix lamentable de M. Chabre, dont le flot battait déjà les reins.

— Oui, à droite, toujours à droite.

Alors, comme le mari tournait le dos, grelottant de peur en sentant la mer lui monter aux aisselles, Hector se risqua, baisa une des petites mains qu'il avait sur les épaules. Estelle voulut les retirer, mais il lui dit de ne pas bouger, ou qu'il ne répondait de rien. Et il se remit à couvrir les mains de baisers. Elles étaient fraîches et salées, il buvait sur elles les voluptés amères de l'océan.

— Je vous en prie, laissez-moi, répétait Estelle, en affectant un air courroucé. Vous abusez étrangement... Je saute dans l'eau, si vous recommencez.

Il recommençait, et elle ne sautait pas. Il la serrait étroitement aux chevilles, il lui dévorait toujours les mains, sans dire une parole, guettant seulement ce qu'on voyait encore du dos de M. Chabre, un reste de dos tragique qui manquait de sombrer à chaque pas.

— Vous dites à droite? implora le mari.

— A gauche, si vous voulez!

M. Chabre fit un pas à gauche et poussa un cri. Il venait de s'enfoncer jusqu'au cou, son nœud de cravate se noyait. Hector, tout à l'aise, lâcha son aveu.

— Je vous aime, madame...

— Taisez vous, monsieur, je vous l'ordonne.

— Je vous aime, je vous adore... Jusqu'à présent, le respect m'a fermé la bouche...

Il ne la regardait pas, il continuait ses longues enjambées, avec de l'eau jusqu'à la poitrine. Elle ne put retenir un grand rire, tant la situation lui sembla drôle.

— Allons, taisez-vous, reprit-elle maternellement, en lui donnant une claque sur l'épaule. Soyez sage et ne versez pas surtout !

Cette claque remplit Hector d'enchantement : c'était signé. Et, comme le mari restait en détresse :

— Tout droit maintenant ! lui cria gaiement le jeune homme.

Quand ils furent arrivés sur la plage, M. Chabre voulut commencer une explication.

— J'ai failli y rester, ma parole d'honneur ! bégaya-t-il. Ce sont mes bottes...

Mais Estelle ouvrit son panier et le lui montra plein de crevettes.

— Comment ? tu as pêché tout ça ! s'écria-t-il stupéfait. Tu pêches joliment !

— Oh ! dit-elle, souriante, en regardant Hector, monsieur m'a montré.

V

Les Chabre ne devaient plus passer que deux jours à Piriac. Hector semblait consterné, furieux et humble pourtant. Quant à M. Chabre, il interrogeait sa santé chaque matin et se montrait perplexe.

— Vous ne pouvez pas quitter la côte sans avoir vu les rochers du Castelli, dit un soir Hector. Il faudrait organiser pour demain une promenade.

Et il donna des explications. Les rochers se trouvaient à un kilomètre seulement. Ils longeaient la mer sur une demi-lieue d'étendue, creusés de grottes, effondrés par les vagues. A l'entendre, rien n'était plus sauvage.

— Eh bien ! nous irons demain, finit par dire Estelle. La route est-elle difficile ?

— Non, il y a deux ou trois passages où l'on se mouille les pieds, voilà tout.

Mais M. Chabre ne voulait plus même se mouiller les pieds. Depuis son bain de la pêche aux crevettes, il nourrissait contre la mer une rancune. Aussi se montra-t-il très hostile à ce projet de promenade. C'était ridicule d'aller se risquer ainsi ; lui, d'abord, ne descendrait pas au milieu de ces rochers, car il n'avait point envie de se casser les jambes, en sautant comme une chèvre ; il les accompagnerait par le haut de la falaise, s'il le fallait absolument ; et encore faisait-il là une grande concession.

Hector, pour le calmer, eut une inspiration soudaine.

— Écoutez, dit-il, vous passerez devant le sémaphore du Castelli. Eh bien ! vous pourrez entrer et acheter des coquillages aux hommes du télégraphe... Ils en ont toujours de superbes, qu'ils donnent presque pour rien.

— Ça, c'est une idée, reprit l'ancien marchand de grains, remis en belle humeur... J'emporterai un petit panier, je m'en bourrerai encore une fois...

Et, se tournant vers sa femme, avec une intention gaillarde :

— Dis, ce sera peut-être la bonne !

Le lendemain, il fallut attendre la marée basse pour se mettre en marche. Puis, comme Estelle n'était pas prête, on s'attarda, on ne partit qu'à cinq heures du soir. Hector affirmait pourtant qu'on ne serait pas gagné par la haute mer. La jeune femme avait ses pieds nus dans des bottines de coutil. Elle portait gaillardement une robe de toile grise, très courte, qu'elle relevait et qui découvrait ses fines chevilles. Quant à M. Chabre, il était correctement en pantalon blanc et en paletot d'alpaga. Il avait pris son ombrelle et il tenait un petit panier, de l'air convaincu d'un bourgeois parisien allant faire lui-même son marché.

La route fut pénible pour arriver aux premières roches. On marchait sur une plage de sable mouvant, dans laquelle les pieds entraient. L'ancien marchand de grains soufflait comme un bœuf.

— Eh bien ! je vous laisse, je monte là-haut, dit-il enfin.

— C'est cela, prenez ce sentier, répondit Hector. Plus loin, vous seriez bloqué... Vous ne voulez pas qu'on vous aide ?

Et ils le regardèrent gagner le sommet de la

falaise. Lorsqu'il y fut, il ouvrit son ombrelle et balança son panier, en criant :

— J'y suis, on est mieux là !... Et pas d'imprudence, n'est-ce pas ? D'ailleurs, je vous surveille.

Hector et Estelle s'engagèrent au milieu des roches. Le jeune homme, chaussé de hautes bottines, marchait le premier, sautait de pierre en pierre avec la grâce forte et l'adresse d'un chasseur de montagnes. Estelle, très hardie, choisissait les mêmes pierres ; et lorsqu'il se retournait, pour lui demander :

— Voulez-vous que je vous donne la main ?

— Mais non, répondait-elle. Vous me croyez donc une grand'mère !

Ils étaient alors sur un vaste parquet de granit, que la mer avait usé, en le creusant de sillons profonds. On aurait dit les arêtes de quelque monstre perçant le sable, mettant au ras du sol la carcasse de ses vertèbres disloquées. Dans les creux, des filets d'eau coulaient, des algues noires retombaient comme des chevelures. Tous deux continuaient à sauter, restant en équilibre par instants, éclatant de rire quand un caillou roulait.

— On est comme chez soi, répétait gaiement

Estelle. On les mettrait dans son salon, vos rochers !

— Attendez, attendez ! disait Hector. Vous allez voir.

Ils arrivaient à un étroit passage, à une sorte de fente, qui bâillait entre deux énormes blocs. Là, dans une cuvette, il y avait une mare, un trou d'eau qui bouchait le chemin.

— Mais jamais je ne passerai ! s'écria la jeune femme.

Lui, proposa de la porter. Elle refusa d'un long signe de tête : elle ne voulait plus être portée. Alors, il chercha partout de grosses pierres, il essaya d'établir un pont. Les pierres glissaient, tombaient au fond de l'eau.

— Donnez-moi la main, je vais sauter, finit-elle par dire, prise d'impatience.

Et elle sauta trop court, un de ses pieds resta dans la mare. Cela les fit rire. Puis, comme ils sortaient de l'étroit passage, elle laissa échapper un cri d'admiration.

Une crique se creusait, emplie d'un écroulement gigantesque de roches. Des blocs énormes se tenaient debout, comme des sentinelles avancées, postées au milieu des vagues. Le long des falaises, les gros temps avaient mangé la terre, ne laissant que les masses dénudées du granit; et c'étaient des baies enfoncées entre des promontoires, des détours brusques déroulant des salles intérieures, des bancs de marbre noirâtre allongés sur le sable, pareils à de grands poissons échoués. On aurait dit une ville cyclopéenne prise d'assaut et dévastée par la mer, avec ses remparts renversés, ses tours à demi démolies, ses édifices culbutés les uns sur les autres. Hector fit visiter à la jeune femme les moindres recoins de cette ruine des tempêtes. Elle marchait sur des sables fins et jaunes comme une poudre d'or, sur des galets que des paillettes de mica allumaient au soleil, sur des éboulements de rocs où elle devait par moments s'aider de ses deux mains, pour ne pas rouler dans les trous. Elle passait sous des portiques naturels, sous des arcs de triomphe qui affectaient le plein cintre de l'art roman et l'ogive élancée de l'art gothique. Elle descendait dans des creux pleins de fraîcheur, au fond de déserts de dix mètres carrés, amusée par les chardons bleuâtres et les plantes grasses d'un vert sombre qui tachaient les murailles grises des falaises, intéressée par des oiseaux de mer familiers, de petits oiseaux bruns, volant à la portée de sa main, avec un léger cri cadencé et continu. Et ce qui l'émerveillait surtout, c'était, du milieu des roches, de se retourner et de retrouver toujours la mer, dont la ligne bleue reparaissait et s'élargissait entre chaque bloc, dans sa grandeur tranquille.

— Ah! vous voilà! cria M. Chabre du haut de la falaise. J'étais inquiet, je vous avais perdus... Dites donc, c'est effrayant, ces gouffres!

Il était à six pas du bord, prudemment, abrité par son ombrelle, son panier passé au bras. Il ajouta :

— Elle monte joliment vite, prenez garde!

— Nous avons le temps, n'ayez pas peur, répondit Hector.

Estelle, qui s'était assise, restait sans paroles devant l'immense horizon. En face d'elle, trois piliers de granit, arrondis par le flot, se dressaient, pareils aux colonnes géantes d'un temple détruit. Et, derrière, la haute mer s'étendait sous la lumière dorée de six heures, d'un bleu de roi pailleté d'or. Une petite voile, très loin, entre deux des piliers, mettait une tache d'un blanc éclatant, comme une aile de mouette rasant l'eau. Du ciel pâle, la sérénité prochaine du crépuscule tombait déjà. Jamais Estelle ne s'était sentie pénétrer d'une volupté si vaste et si tendre.

— Venez, lui dit doucement Hector, en la touchant de la main.

Elle tressaillit, elle se leva, prise de langueur et d'abandon.

— C'est le sémaphore, n'est-ce pas, cette maisonnette avec ce mât? cria M. Chabre. Je vais chercher des coquillages, je vous rattraperai.

Alors, Estelle, pour secouer la paresse molle dont elle était envahie, se mit à courir comme une enfant. Elle enjambait les flaques, elle s'avançait vers la mer, saisie du caprice de monter au sommet d'un entassement de rocs, qui devait former une île, à marée haute. Et, lorsque, après une ascension laborieuse au milieu des crevasses, elle atteignit le sommet, elle se hissa sur la pierre la plus élevée, elle fut heureuse de dominer la dévastation tragique de la côte. Son mince profil se détachait dans l'air pur, sa jupe claquait au vent ainsi qu'un drapeau.

Et, en redescendant, elle se pencha sur tous les trous qu'elle rencontra. C'étaient, dans les moindres cavités, de petits lacs tranquilles et dormants, des eaux d'une limpidité parfaite, dont les clairs miroirs réfléchissaient le ciel. Au fond, des herbes d'un vert d'émeraude plantaient des forêts romantiques. Seuls, de gros crabes noirs sautaient, pareils à des grenouilles, et disparaissaient, sans même troubler l'eau. La jeune femme restait rêveuse, comme si elle eût fouillé du regard des pays mystérieux, de vastes contrées inconnues et heureuses.

Quand ils furent revenus au pied des falaises, elle s'aperçut que son compagnon avait empli son mouchoir d'arapèdes.

— C'est pour monsieur Chabre, dit-il. Je vais les lui monter.

Justement, M. Chabre arrivait désolé.

— Il n'ont pas seulement une moule au sémaphore, cria-t-il. Je ne voulais pas venir, j'avais raison.

Mais, lorsque le jeune homme lui eut montré de loin les arapèdes, il se calma. Et il resta stupéfié de l'agilité avec laquelle celui-ci grimpait, par un chemin connu de lui seul, le long d'une roche qui semblait lisse comme une muraille. La descente fut plus audacieuse encore.

— Ce n'est rien, disait Hector, un vrai escalier; seulement, il faut savoir où sont les marches.

M. Chabre voulait qu'on retournât en arrière, la mer devenait inquiétante. Et il suppliait sa femme de remonter au moins, de chercher un petit chemin commode. Le jeune homme riait, en répondant qu'il n'y avait point de chemin pour les dames, qu'il fallait maintenant aller jusqu'au bout. D'ailleurs, ils n'avaient pas vu les grottes. Alors, M. Chabre dut se remettre à suivre la crête des falaises. Comme le soleil se couchait, il ferma son ombrelle et s'en servit en guise de canne. De l'autre main, il portait son panier d'arapèdes.

— Vous êtes lasse? demanda doucement Hector.

— Oui, un peu, répondit Estelle.

Elle accepta son bras. Elle n'était point lasse, mais un abandon délicieux l'envahissait de plus en plus. L'émotion qu'elle venait d'éprouver, en voyant le jeune homme suspendu au flanc des roches, lui avait laissé un tremblement intérieur. Ils s'avancèrent avec lenteur sur une grève; sous leurs pieds, le gravier, fait de débris de coquillages, criait comme dans les allées d'un jardin; et ils ne parlaient plus. Il lui montra deux larges fissures, le *Trou du Moine Fou* et la *Grotte du Chat*. Elle entra, leva les yeux, eut seulement un petit frisson. Quand ils reprirent leur marche, le long d'un beau sable fin, ils se regardèrent, ils restèrent encore muets et souriants. La mer montait, par courtes lames bruissantes, et ils ne l'entendaient pas. M. Chabre, au-dessus d'eux, se mit à crier, et ils ne l'entendirent pas davantage.

— Mais c'est fou! répétait l'ancien marchand de grains, en agitant son ombrelle et son panier d'arapèdes. Estelle!... monsieur Hector!... écoutez donc! vous allez être gagnés! vous avez déjà les pieds dans l'eau!

Eux ne sentaient point la fraîcheur des petites vagues.

— Hein? qu'y a-t-il? finit par murmurer la jeune femme.

— Ah! c'est vous, monsieur Chabre! dit le jeune homme. Ça ne fait rien, n'ayez pas peur... Nous n'avons plus à voir que la *Grotte à Madame*.

M. Chabre eut un geste de désespoir, en ajoutant :

— C'est de la démence! Vous allez vous noyer.

Ils ne l'écoutaient déjà plus. Pour échapper à la marée croissante, ils s'avancèrent le long des rochers, et arrivèrent enfin à *la Grotte à Madame*. C'était une excavation creusée dans un bloc de granit, qui formait promontoire. La voûte, très élevée, s'arrondissait en large dôme. Pendant les tempêtes, le travail des eaux avait donné aux murs un poli et un luisant d'agate. Des veines roses et bleues, dans la pâte sombre du roc, dessinaient des arabesques d'un goût magnifique et barbare, comme si des artistes sauvages eussent décoré cette salle de bain des reines de la mer. Les graviers du sol, mouillés encore, gardaient une transparence qui les faisait ressembler à un lit de pierres précieuses. Au fond, il y avait un banc de sable, doux et sec, d'un jaune pâle, presque blanc.

Estelle s'était assise sur le sable. Elle examinait la grotte.

— On vivrait là, murmura-t-elle.

Mais Hector, qui paraissait guetter la mer depuis un instant, affecta brusquement une consternation.

— Ah! mon Dieu! nous sommes pris! Voilà le flot qui nous a coupé le chemin... Nous en avons pour deux heures à attendre.

Il sortit, chercha M. Chabre, en levant la tête. M. Chabre était sur la falaise, juste au-dessus de la grotte, et quand le jeune homme lui eut annoncé qu'ils étaient bloqués :

— Qu'est-ce que je vous disais? cria-t-il triomphalement, mais vous ne voulez jamais m'écouter!... Y a-t-il quelque danger ?

— Aucun, répondit Hector. La mer n'entre que de cinq ou six mètres dans la grotte. Seulement, ne vous inquiétez pas, nous ne pourrons en sortir avant deux heures.

M. Chabre se fâcha. Alors, on ne dînerait pas? Il avait déjà faim, lui! c'était une drôle de partie tout de même! Puis, en grognant, il s'assit sur l'herbe courte, il mit son ombrelle à sa gauche et son panier d'arapèdes à sa droite.

— J'attendrai, il le faut bien! cria-t-il. Retournez auprès de ma femme, et tâchez qu'elle ne prenne pas froid.

Dans la grotte, Hector s'assit près d'Estelle. Au bout d'un silence, il osa s'emparer d'une main qu'elle ne retira pas. Elle regardait au loin. Le crépuscule tombait, une poussière d'ombre pâlissait peu à peu le soleil mourant. A l'horizon, le ciel prenait une teinte délicate, d'un violet tendre, et la mer s'étendait, lentement assombrie, sans une voile. Peu à peu, l'eau entrait dans la grotte, roulant avec un bruit doux les graviers transparents. Elle y apportait les voluptés du large, une voix caressante, une odeur irritante, chargée de désirs.

— Estelle, je vous aime, répétait Hector, en lui couvrant les mains de baisers.

Elle ne répondait pas, étouffée, comme soulevée par cette mer qui montait. Sur le sable fin, à demi couchée maintenant, elle ressemblait à une fille des eaux, surprise et déjà sans défense.

Et, brusquement, la voix de M. Chabre leur arriva, légère, aérienne.

— Vous n'avez pas faim? Je crève, moi!... Heureusement que j'ai mon couteau. Je prends un à-compte, vous savez, je mange les arapèdes.

— Je vous aime, Estelle, répétait toujours Hector, qui la tenait à pleins bras.

La nuit était noire, la mer blanche éclairait le ciel. A l'entrée de la grotte, l'eau avait une longue plainte, tandis que, sous la voûte, un dernier reste de jour venait de s'éteindre. Une odeur de fécondité montait des vagues vivantes. Alors, Estelle laissa lentement tomber sa tête sur l'épaule d'Hector. Et le vent du soir emporta des soupirs.

En haut, à la clarté des étoiles, M. Chabre mangeait ses coquillages, méthodiquement. Il s'en donnait une indigestion, sans pain, avalant tout.

VI

Neuf mois après son retour à Paris, la belle madame Chabre accouchait d'un garçon. M. Chabre, enchanté, prenait à part le docteur Guiraud, et lui répétait avec orgueil :

— Ce sont les arapèdes, j'en mettrais la main au feu !... Oui, tout un panier d'arapèdes que j'ai mangés un soir, oh ! dans une circonstance bien curieuse... N'importe, docteur, jamais je n'aurais pensé que les coquillages eussent une pareille vertu.

JACQUES DAMOUR

JACQUES DAMOUR

I

Là-bas, à Nouméa, lorsque Jacques Damour regardait l'horizon vide de la mer, il croyait y voir parfois toute son histoire, les misères du siège, les colères de la Commune, puis cet arrachement qui l'avait jeté si loin, meurtri et comme assommé. Ce n'était pas une vision nette, des souvenirs où il se plaisait et s'attendrissait, mais la sourde rumination d'une intelligence obscurcie, qui revenait d'elle-même à certains faits restés debout et précis, dans l'écroulement du reste.

A vingt-six ans, Jacques avait épousé Félicie, une grande belle fille de dix-huit ans, la nièce d'une fruitière de la Villette, qui lui louait une chambre. Lui, était ciseleur sur métaux et gagnait jusqu'à des douze francs par jour ; elle, avait d'abord été couturière; mais, comme ils eurent tout de suite un garçon, elle arriva bien juste à nourrir le petit et à soigner le ménage. Eugène poussait gaillardement. Neuf ans plus tard, une fille vint à son tour; et celle-là, Louise, resta longtemps si chétive, qu'ils dépensèrent beaucoup en médecins et en drogues. Pourtant, le ménage n'était pas malheureux. Damour faisait bien parfois le lundi; seulement, il se montrait raisonnable, allait se coucher, s'il avait trop bu, et retournait le lendemain au travail, en se traitant lui-même de propre à rien. Dès l'âge de douze ans, Eugène fut mis à l'étau. Le gamin savait à peine lire et écrire, qu'il gagnait déjà sa vie. Félicie, très propre, menait la maison en femme adroite et prudente, un peu « chienne » peut-être, disait le père, car elle leur servait des légumes plus souvent que de la viande, pour mettre des sous de côté, en cas de malheur. Ce fut leur meilleure époque. Ils habitaient, à Ménilmontant, rue des Envierges, un logement de trois pièces, la chambre du père et de la mère, celle d'Eugène, et une salle à manger où ils avaient installé les étaux, sans compter la cuisine et un cabinet pour Louise. C'était au fond d'une cour, dans un petit bâtiment; mais ils avaient tout de même de l'air, car leurs fenêtres ouvraient sur un chantier de démolitions, où, du matin au soir, des charrettes venaient décharger des tas de décombres et de vieilles planches.

Lorsque la guerre éclata, les Damour habitaient la rue des Envierges depuis dix ans. Félicie, bien qu'elle approchât de la quarantaine, restait jeune, un peu engraissée, d'une rondeur d'épaules et de hanches qui en faisait la belle femme du quartier. Au contraire, Jacques s'était comme séché, et les huit années qui les séparaient le montraient déjà vieux à côté d'elle. Louise, tirée de danger, mais toujours délicate, tenait de son père, avec ses maigreurs de fillette ; tandis que Eugène, alors âgé de dix-neuf ans, avait la taille haute et le dos large de sa mère. Ils vivaient très unis, en dehors des quelques lundis où le père et le fils s'attardaient chez les marchands de vin. Félicie boudait, furieuse des sous mangés. Même, à deux ou trois reprises, ils se battirent ; mais cela ne tirait point à conséquence, c'était la faute du vin, et il n'y avait pas dans la maison de famille plus rangée. On les citait pour le bon exemple. Quand les Prussiens marchèrent sur Paris, et que le terrible chômage commença, ils possédaient plus de mille francs à la Caisse d'épargne. C'était beau, pour des ouvriers qui avaient élevé deux enfants.

Les premiers mois du siège ne furent donc pas très durs. Dans la salle à manger, où les étaux dormaient, on mangeait encore du pain blanc et de la viande. Apitoyé par la misère d'un voisin, un grand diable de peintre en bâtiment nommé Berru et qui crevait de faim, Damour put même lui faire la charité de l'inviter à dîner parfois; et bientôt le camarade vint matin et soir. C'était un farceur ayant le mot pour rire, si bien qu'il finit par désarmer Félicie, inquiète et révoltée devant cette large bouche qui engloutissait les meilleurs morceaux. Le soir, on jouait aux cartes, en tapant sur les Prussiens. Berru, patriote, parlait de creuser des mines, des souterrains dans la campagne, et d'aller ainsi jusque sous leurs batteries de Châtillon et de Montretout, afin de les faire sauter. Puis, il tombait sur le gouvernement, un tas de lâches qui, pour ramener Henri V, voulaient ouvrir les portes de Paris à Bismarck. La république de ces traîtres lui faisait hausser les épaules. Ah! la république! Et, les deux coudes sur la table, sa courte pipe à la bouche, il expliquait à Damour son gouvernement à lui, tous frères, tous libres, la richesse à tout le monde, la justice et l'égalité régnant partout, en haut et en bas.

— Comme en 93, ajoutait-il carrément, sans savoir.

Damour restait grave. Lui aussi était républicain, parce que, depuis le berceau, il entendait dire autour de lui que la république serait un jour le triomphe de l'ouvrier, le bonheur universel. Mais il n'avait pas d'idée arrêtée sur la façon dont les choses devaient se passer. Aussi écoutait-il Berru avec attention, trouvant qu'il raisonnait très bien, et que, pour sûr, la république arriverait comme il le disait. Il s'enflammait, il croyait fermement que, si Paris entier, les hommes, les femmes, les enfants, avaient marché sur Versailles en chantant la *Marseillaise*, on aurait culbuté les Prussiens, tendu la main à la province et fondé le gouvernement du peuple, celui qui devait donner des rentes à tous les citoyens.

— Prends garde, répétait Félicie pleine de méfiance, ça finira mal, avec ton Berru. Nourris-le, puisque ça te fait plaisir; mais laisse-le aller se faire casser la tête tout seul.

Elle aussi voulait la république. En 48, son père était mort sur une barricarde. Seulement, ce souvenir, au lieu de l'affoler, la rendait raisonnable. A la place du peuple, elle savait, disait-elle, comment elle forcerait le gouvernement à être juste : elle se conduirait très bien. Les discours de Berru l'indignaient et lui faisaient peur, parce qu'ils ne lui semblaient pas honnêtes. Elle voyait que Damour changeait, prenait des façons, employait des mots, qui ne lui plaisaient guère. Mais elle était plus inquiète encore de l'air ardent et sombre dont son fils Eugène écoutait Berru. Le soir, quand Louise s'était endormie sur la table, Eugène croisait les bras, buvait lentement un petit verre d'eau-de-vie, sans parler, les yeux fixés sur le peintre, qui rapportait toujours de Paris quelque histoire extraordinaire de traîtrise : des bonapartistes faisant, de Montmartre, des signaux aux Allemands, ou bien des sacs de farine et des barils de poudre noyés dans la Seine, pour livrer la ville plus tôt.

— En voilà des cancans ! disait Félicie à son fils, quand Berru s'était décidé à partir. Ne va pas te monter la tête, toi ! Tu sais qu'il ment.

— Je sais ce que je sais, répondait Eugène avec un geste terrible.

Vers le milieu de décembre, les Damour avaient mangé leurs économies. A chaque heure, on annonçait une défaite des Prussiens en province, une sortie victorieuse qui allait enfin délivrer Paris ; et le ménage ne fut pas effrayé d'abord, espérant sans cesse que le travail reprendrait. Félicie faisait des miracles, on vécut au jour le jour de ce pain noir du siège, que seule la petite Louise ne pouvait digérer. Alors, Damour et Eugène achevèrent de se monter la tête, ainsi que disait la mère. Oisifs du matin au soir, sortis de leurs habitudes, et les bras mous depuis qu'ils avaient quitté l'étau, ils vivaient dans un malaise, dans un effarement plein d'imaginations baroques et sanglantes. Tous deux s'étaient bien mis d'un bataillon de marche ; seulement ce bataillon, comme beaucoup d'autres, ne sortit même pas des fortifications, caserné dans un poste où les hommes passaient les journées à jouer aux cartes. Et ce fut là que Damour, l'estomac vide, le cœur serré de savoir la misère chez lui, acquit la conviction, en écoutant les nouvelles des uns et des autres, que le gouvernement avait juré d'exterminer le peuple, pour être maître de la république. Berru avait raison : personne n'ignorait qu'Henri V était à Saint-Germain, dans une maison sur laquelle flottait un drapeau blanc. Mais ça finirait. Un de ces quatre matins, on allait leur flanquer des coups de fusil, à ces crapules qui affamaient et qui laissaient bombarder les ouvriers, histoire simplement de faire de la place aux nobles et aux prêtres. Quand Damour rentrait avec Eugène, tous deux enfiévrés par le coup de folie du dehors, ils ne parlaient plus que de tuer le monde, devant Félicie pâle et muette, qui soignait la petite Louise retombée malade, à cause de la mauvaise nourriture.

Cependant, le siège s'acheva, l'armistice fut conclu, et les Prussiens défilèrent dans les Champs-Élysées. Rue des Envierges, on mangea du pain blanc, que Félicie était allée chercher à Saint-Denis. Mais le dîner fut sombre. Eugène, qui avait voulu voir les Prussiens, donnait des détails, lorsque Damour, brandissant une fourchette, cria furieusement qu'il aurait fallu guillotiner tous les généraux. Félicie se fâcha et lui arracha la fourchette. Les jours suivants, comme le travail ne reprenait toujours pas, il se décida à se remettre à l'étau pour son compte : il avait quelques pièces fondues, des flambeaux, qu'il voulait soigner, dans l'espoir de les vendre. Eugène, ne pouvant tenir en place, lâcha la besogne, au bout d'une heure. Quant à Berru, il avait disparu depuis l'armistice ; sans doute, il était tombé ailleurs sur une meilleure table. Mais, un matin, il se présenta très allumé, il raconta l'affaire des canons de Montmartre. Des barricades s'élevaient partout, le triomphe du peuple arrivait enfin ; et il venait chercher Damour, en disant qu'on avait besoin de tous les bons citoyens. Damour quitta son étau, malgré la figure bouleversée de Félicie. C'était la Commune.

Alors, les journées de mars, d'avril et de mai se déroulèrent. Lorsque Damour était las et que sa femme le suppliait de rester à la maison, il répondait :

— Et mes trente sous ? Qui nous donnera du pain ?

Félicie baissait la tête. Ils n'avaient, pour manger, que les trente sous du père et les trente sous du fils, cette paie de la garde nationale que des distributions de vin et de viande salée augmentaient parfois. Du reste, Damour était convaincu de son droit, il tirait sur les Versaillais comme il aurait tiré sur les Prussiens, persuadé qu'il sauvait la république et qu'il assurait le bonheur du peuple. Après les fatigues et les misères du siège, l'ébranlement de la guerre civile le faisait vivre dans un cauchemar de tyrannie, où il se débattait en héros obscur, décidé à mourir pour la défense de la liberté. Il n'entrait pas dans les complications théoriques de l'idée communaliste. A ses yeux, la Commune était simplement l'âge d'or annoncé, le commencement de la félicité universelle; tandis qu'il croyait, avec plus d'entêtement encore, qu'il y avait quelque part, à Saint-Germain ou à Versailles, un roi prêt à rétablir l'inquisition et les droits des seigneurs, si on le laissait entrer dans Paris. Chez lui, il n'aurait pas été capable d'écraser un insecte; mais, aux avant-postes, il démolissait les gendarmes, sans un scrupule. Quand il revenait, harassé, noir de sueur et de poudre, il passait des heures auprès de la petite Louise, à l'écouter respirer. Félicie ne tentait plus de le retenir, elle attendait avec son calme de femme avisée la fin de tout ce tremblement.

Pourtant, un jour, elle osa faire remarquer que ce grand diable de Berru, qui criait tant, n'était pas assez bête pour aller attraper des coups de fusil. Il avait eu l'habileté d'obtenir une bonne place dans l'intendance; ce qui ne l'empêchait pas, quand il venait en uniforme, avec des plumets et des galons, d'exalter les idées de Damour par des discours où il parlait de fusiller les ministres, la Chambre, et toute la boutique, le jour où l'on irait les prendre à Versailles.

— Pourquoi n'y va-t-il pas lui-même, au lieu de pousser les autres? disait Félicie.

Mais Damour répondait:

— Tais-toi. Je fais mon devoir. Tant pis pour ceux qui ne font pas le leur!

Un matin, vers la fin d'avril, on rapporta, rue des Envierges, Eugène sur un brancard. Il avait reçu une balle en pleine poitrine, aux Moulineaux. Comme on le montait, il expira dans l'escalier. Quand Damour rentra le soir, il trouva Félicie silencieuse auprès du cadavre de leur fils. Ce fut un coup terrible, il tomba par terre, et elle le laissa sangloter, assis contre le mur, sans rien lui dire, parce qu'elle ne trouvait rien, et que, si elle avait lâché un mot, elle aurait crié: « C'est ta faute! » Elle avait fermé la porte du cabinet, elle ne faisait pas de bruit, de peur d'effrayer Louise. Aussi alla-t-elle voir si les sanglots du père ne réveillaient pas l'enfant. Lorsqu'il se releva, il regarda longtemps, contre la glace, une photographie d'Eugène, où le jeune homme s'était fait représenter en garde national. Il prit une plume et écrivit au bas de la carte: « Je te vengerai », avec la date et sa signature. Ce fut un soulagement. Le lendemain, un corbillard drapé de grands drapeaux rouges conduisit le corps au Père-Lachaise, suivi d'une foule énorme. Le père marchait tête nue, et la vue des drapeaux, cette pourpre sanglante qui assombrissait encore les bois noirs du corbillard, gonflait son cœur de pensées farouches. Rue des Envierges, Félicie était restée près de Louise. Dès le soir, Damour retourna aux avant-postes tuer des gendarmes.

Enfin, arrivèrent les journées de mai. L'armée de Versailles était dans Paris. Il ne rentra pas de deux jours, il se replia avec son bataillon, défendant les barricades, au milieu des incendies. Il ne savait plus, il tirait des coups de feu dans la fumée, parce que tel était son devoir. Le matin du troisième jour, il reparut rue des Envierges, en lambeaux, chancelant et hébété comme un homme ivre. Félicie le déshabillait et lui lavait les mains avec une serviette mouillée, lorsqu'une voisine dit que les communards tenaient encore dans le Père-Lachaise, et que les Versaillais ne savaient comment les en déloger.

— J'y vais, dit-il simplement.

Il se rhabilla, il reprit son fusil. Mais les derniers défenseurs de la Commune n'étaient pas sur le plateau, dans les terrains nus, où dormait Eugène. Lui, confusément, espérait se faire tuer sur la tombe de son fils. Il ne put même aller jusque-là. Des obus arrivaient, écornaient les grands tombeaux. Entre les ormes, cachés derrière les marbres qui blanchissaient au soleil, quelques gardes nationaux lâchaient encore des coups de feu sur les soldats, dont on voyait les pantalons rouges monter. Et Damour arriva juste à point pour être pris. On fusilla trente-sept de ses compagnons. Ce fut miracle s'il échappa à cette justice sommaire. Comme sa femme venait de lui laver les mains et qu'il n'avait pas tiré, peut-être voulut-on lui faire grâce. D'ailleurs, dans la stupeur de sa lassitude, assommé par tant d'horreurs, jamais il ne s'était rappelé les journées qui avaient suivi. Cela restait en lui à l'état de cauchemars confus : de longues heures passées dans des endroits obscurs, des marches accablantes au soleil, des cris, des coups, des foules béantes au travers desquelles il passait. Lorsqu'il sortit de cette imbécillité, il était à Versailles, prisonnier.

Félicie vint le voir, toujours pâle et calme. Quand elle lui eut appris que Louise allait mieux, ils restèrent muets, ne trouvant plus rien à se dire. En se retirant, pour lui donner du courage, elle ajouta qu'on s'occupait de son affaire et qu'on le tirerait de là. Il demanda :

— Et Berru ?

— Oh ! répondit-elle, Berru est en sûreté... Il a filé trois jours avant l'entrée des troupes, on ne l'inquiétera même pas.

Un mois plus tard, Damour partait pour la Nouvelle-Calédonie. Il était condamné à la déportation simple. Comme il n'avait eu aucun grade, le conseil de guerre l'aurait peut-être acquitté, s'il n'avait avoué d'un air tranquille qu'il faisait le coup de feu depuis le premier jour. A leur dernière entrevue, il dit à Félicie :

— Je reviendrai. Attends-moi avec la petite.

Et c'était cette parole que Damour entendait le plus nettement, dans la confusion de ses souvenirs, lorsqu'il s'appesantissait, la tête lourde, devant l'horizon vide de la mer. La nuit qui tombait le surprenait là parfois. Au loin, une tache claire restait longtemps, comme un sillage de navire, trouant les ténèbres croissantes ; et il lui semblait qu'il devait se lever et marcher sur les vagues, pour s'en aller par cette route blanche, puisqu'il avait promis de revenir.

II

A Nouméa, Damour se conduisait bien. Il avait trouvé du travail, on lui faisait espérer sa grâce. C'était un homme très doux, qui aimait à jouer avec les enfants. Il ne s'occupait plus de politique, fréquentait peu ses compagnons, vivait solitaire ; on ne pouvait lui reprocher que de boire de loin en loin, et encore avait-il l'ivresse bonne enfant, pleurant à chaudes larmes, allant se coucher de lui-même. Sa grâce paraissait donc certaine, lorsqu'un jour il disparut. On fut stupéfait d'apprendre qu'il s'était évadé avec quatre de ses compagnons. Depuis deux ans, il avait reçu plusieurs lettres de Félicie, d'abord régulières, bientôt plus rares et sans suite. Lui-même écrivait assez souvent. Trois mois se passèrent sans nouvelles. Alors, un désespoir l'avait pris, devant cette grâce qu'il lui faudrait peut-être attendre deux années encore ; et il avait tout risqué, dans une de ces heures de fièvre dont on se repent le lendemain. Une semaine plus tard, on trouva sur la côte, à quelques lieues, une barque brisée et les cadavres de trois des fugitifs, nus et décomposés déjà, parmi lesquels des témoins affirmèrent qu'ils reconnaissaient Damour. C'étaient la même taille et la même barbe. Après une enquête sommaire, les formalités eurent lieu, un acte de décès fut dressé, puis envoyé en France sur la demande de la veuve, que l'administration avait avertie. Toute la presse s'occupa de l'aventure, un récit très dramatique de l'évasion et de son dénouement tragique passa dans les journaux du monde entier.

Cependant, Damour vivait. On l'avait confondu avec un de ses compagnons, et cela d'une façon d'autant plus surprenante, que les deux hommes ne se ressemblaient pas. Tous deux, simplement, portaient leur barbe longue. Damour et le quatrième évadé, qui avait survécu comme par miracle, se séparèrent, dès qu'ils furent arrivés sur une terre anglaise ; ils ne se revirent jamais, sans doute l'autre mourut de la fièvre jaune, qui faillit emporter Damour lui-même. Sa première pensée avait été de prévenir Félicie par une lettre. Mais un journal étant tombé entre ses mains, il y trouva le récit de son évasion et la nouvelle de sa mort. Dès ce moment, une lettre lui parut imprudente ; on pouvait l'intercepter, la lire, arriver ainsi à la vérité. Ne valait-il pas mieux rester mort pour tout le monde ? Personne ne s'inquiéterait plus de lui, il rentrerait librement en France, où il attendrait l'amnistie pour se faire reconnaître. Et ce fut alors qu'une terrible attaque de fièvre jaune le retint pendant des semaines, dans un hôpital perdu.

Lorsque Damour entra en convalescence, il éprouva une paresse invincible. Pendant plusieurs mois, il resta très faible encore et sans volonté. La fièvre l'avait comme vidé de tous ses désirs anciens. Il ne souhaitait rien, il se demandait à quoi bon. Les images de Félicie et de Louise s'étaient effacées. Il les voyait bien toujours, mais très loin, dans un brouillard, où il hésitait parfois à les reconnaître. Sans doute, dès qu'il serait fort, il partirait pour les rejoindre. Puis, quand il fut enfin debout, un autre plan l'occupa tout entier. Avant d'aller retrouver sa femme et sa fille, il rêva de gagner une fortune. Que ferait-il à Paris? il crèverait de faim, il serait obligé de se remettre à son état, et peut-être même ne trouverait-il plus de travail, car il se sentait terriblement vieilli. Au contraire, s'il passait en Amérique, en quelques mois il amasserait une centaine de mille francs, chiffre modeste auquel il s'arrêtait, au milieu des histoires prodigieuses de millions dont bourdonnaient ses oreilles. Dans une mine d'or qu'on lui indiquait, tous les hommes, jusqu'aux plus humbles terrassiers, roulaient carrosse au bout de six mois. Et il arrangeait déjà sa vie : il rentrait en France avec ses cent mille francs, achetait une petite maison du côté de Vincennes, vivait là de trois ou quatre mille francs de rente, entre Félicie et Louise, oublié, heureux, débarrassé de la politique. Un mois plus tard, Damour était en Amérique.

Alors, commença une existence trouble qui le roula au hasard, dans un flot d'aventures à la fois étranges et vulgaires. Il connut toutes les misères, il toucha à toutes les fortunes. Trois fois, il crut avoir enfin ses cent mille francs ; mais tout coulait entre ses doigts, on le volait, il se dépouillait lui-même dans un dernier effort. En somme, il souffrit, travailla beaucoup, et resta sans une chemise. Après des courses aux quatre points du monde, les événements le jetèrent en Angleterre. De là, il tomba à Bruxelles, à la frontière même de la France. Seulement, il ne songeait plus à y rentrer. Dès son arrivée en Amérique, il avait fini par écrire à Félicie. Trois lettres étant restées sans réponse, il en était réduit aux suppositions : ou l'on interceptait ses lettres, ou sa femme était morte, ou elle avait elle-même quitté Paris. A un an de distance, il fit encore une tentative inutile. Pour ne pas se vendre, si l'on ouvrait ses lettres, il écrivait sous un nom supposé, entretenant Félicie d'une affaire imaginaire, comptant bien qu'elle reconnaîtrait son écriture et qu'elle comprendrait. Ce grand silence avait comme endormi ses souvenirs. Il était mort, il n'avait personne au monde, plus rien n'importait. Pendant près d'un an, il travailla dans une mine de charbon, sous terre, ne voyant plus le soleil, absolument supprimé, mangeant et dormant, sans rien désirer au delà.

Un soir, dans un cabaret, il entendit un homme dire que l'amnistie venait d'être votée et que tous les communards rentraient. Cela l'éveilla. Il reçut une secousse, il éprouva un besoin de partir avec les autres, d'aller revoir là-bas la rue où il avait logé. Ce fut d'abord une simple poussée instinctive. Puis, dans le wagon qui le ramenait, sa tête travailla, il songea qu'il pouvait maintenant reprendre sa place au soleil, s'il parvenait à découvrir Félicie et Louise. Des espoirs lui remontaient au cœur ; il était libre, il les chercherait ouvertement ; et il finissait par croire qu'il allait les retrouver bien tranquilles, dans leur logement de la rue des Envierges, la nappe mise, comme si elles l'avaient attendu. Tout s'expliquerait, quelque malentendu très simple. Il irait à sa mairie, se nommerait, et le ménage recommencerait sa vie d'autrefois.

A Paris, la gare du Nord était pleine d'une foule tumultueuse. Des acclamations s'élevèrent, dès que les voyageurs parurent, un enthousiasme fou, des bras qui agitaient des chapeaux, des bouches ouvertes qui hurlaient un nom. Damour eut peur un instant : il ne comprenait pas, il s'imaginait que tout ce monde était venu là pour le huer au passage. Puis, il reconnut le nom qu'on acclamait, celui d'un membre de la Commune qui se trouvait justement dans le même train, un contumace illustre auquel le peuple faisait une ovation. Damour le vit passer, très engraissé, l'œil humide, souriant, ému de cet accueil. Quand le héros fut monté dans un fiacre, la foule parla de dételer le cheval. On s'écrasait, le flot humain s'engouffra dans la rue Lafayette, une mer de têtes, au-dessus desquelles on aperçut longtemps le fiacre rouler lentement, comme un char de triomphe. Et Damour, bousculé, écrasé, eut beaucoup de peine à gagner les boulevards extérieurs. Personne ne faisait attention à lui. Toutes ses souffrances, Versailles, la traversée, Nouméa, lui revinrent, dans un hoquet d'amertume.

Mais, sur les boulevards extérieurs, un attendrissement le prit. Il oublia tout, il lui semblait qu'il venait de reporter du travail dans Paris, et qu'il rentrait tranquillement rue des Envierges. Dix années de son existence se comblaient, si pleines et si confuses, qu'elles lui semblaient, derrière lui, n'être plus que le simple prolongement du trottoir. Pourtant, il éprouvait quelque étonnement, dans ces habitudes d'autrefois où il rentrait avec tant d'aisance. Les boulevards extérieurs devaient être plus larges ; il s'arrêta pour lire des enseignes, surpris de les voir là. Ce n'était pas la joie franche de poser le pied sur ce coin de terre regretté ; c'était un mélange de tendresse, où chantaient des refrains de romance, et d'inquiétude sourde, l'inquiétude de l'inconnu, devant ces vieilles choses connues qu'il retrouvait. Son trouble grandit encore, lorsqu'il approcha de la rue des Envierges. Il se sentait mollir, il avait des envies de ne pas aller plus loin, comme si une catastrophe l'attendait. Pourquoi revenir ? qu'allait-il faire là ?

Enfin, rue des Envierges, il passa trois fois devant la maison, sans pouvoir entrer. En face, la boutique du charbonnier avait disparu ; c'était maintenant une boutique de fruitière ; et la femme qui était sur la porte lui sembla si bien portante, si carrément chez elle, qu'il n'osa pas l'interroger, comme il en avait eu l'idée d'abord. Il préféra risquer tout, en marchant droit à la loge de la concierge. Que de fois il avait ainsi tourné à gauche, au bout de l'allée, et frappé au petit carreau !

— Madame Damour, s'il vous plaît ?

— Connais pas... Nous n'avons pas ça ici.

Il était resté immobile. A la place de la concierge d'autrefois, une femme énorme, il avait devant lui une petite femme sèche, hargneuse, qui le regardait d'un air soupçonneux. Il reprit :

— Madame Damour demeurait au fond, il y a dix ans.

— Dix ans ! cria la concierge. Ah bien ! il a

passé de l'eau sous les ponts!.... Nous ne sommes ici que du mois de janvier.

— Madame Damour a peut-être laissé son adresse.

— Non. Connais pas.

Et, comme il s'entêtait, elle se fâcha, elle menaça d'appeler son mari.

— Ah! ça, finirez-vous de moucharder dans la maison!.... Il y a un tas de gens qui s'introduisent...

Il rougit et se retira en balbutiant, honteux de son pantalon effiloqué et de sa vieille blouse sale. Sur le trottoir, il s'en alla, la tête basse ; puis, il revint, car il ne pouvait se décider à partir ainsi. C'était comme un adieu éternel qui le déchirait. On aurait pitié de lui, on lui donnerait quelque renseignement. Et il levait les yeux, regardait les fenêtres, examinait les boutiques, cherchant à se reconnaître. Dans ces maisons pauvres où les congés tombent dru comme grêle, dix années avaient suffi pour changer presque tous les locataires. D'ailleurs, une prudence lui restait, mêlée de honte, une sorte de sauvagerie effrayée, qui le faisait trembler à l'idée d'être reconnu. Comme il redescendait la rue, il aperçut enfin des figures de connaissance, la marchande de tabac, un épicier, une blanchisseuse, la boulangère où ils se fournissaient autrefois. Alors, pendant un quart d'heure, il hésita, se promena devant les boutiques, en se demandant dans laquelle il oserait entrer, pris d'une sueur, tellement il souffrait du combat qui se livrait en lui. Ce fut le cœur défaillant qu'il se décida pour la boulangère, une femme endormie, toujours blanche comme si elle sortait d'un sac de farine. Elle le regarda et ne bougea pas de son comptoir. Certainement, elle ne le reconnaissait pas, avec sa peau hâlée, son crâne nu, cuit par les grands soleils, sa longue barbe dure qui lui mangeait la moitié du visage. Cela lui rendit quelque hardiesse, et en payant un pain d'un sou, il se hasarda à demander :

— Est-ce que vous n'avez pas, parmi vos clientes, une femme avec une petite fille ?.. Madame Damour ?

La boulangère resta songeuse ; puis, de sa voix molle :

— Ah ! oui, autrefois, c'est possible... Mais il y a longtemps. Je ne sais plus... On voit tant de monde !

Il dut se contenter de cette réponse. Les jours suivants, il revint, plus hardi, questionnant les gens ; mais partout il trouva la même indifférence, le même oubli, avec des renseignements contradictoires qui l'égaraient davantage. En somme, il paraissait certain que Félicie avait quitté le quartier environ deux ans après son départ pour Nouméa, au moment même où il s'évadait. Et personne ne connaissait son adresse, les uns parlaient du Gros-Caillou, les autres de Bercy. On ne se souvenait même plus de la petite Louise. C'était fini, il s'assit un soir sur un banc du boulevard extérieur et se mit à pleurer, en se disant qu'il ne chercherait pas davantage. Qu'allait-il devenir? Paris lui semblait vide. Les quelques sous qui lui avaient permis de rentrer en France s'épuisaient. Un instant, il résolut de retourner en Belgique dans sa mine de charbon, où il faisait si noir et où il avait vécu sans un souvenir, heureux comme une bête, dans l'écrasement du sommeil de la terre. Pourtant, il resta, et il resta misérable, affamé, sans pouvoir se procurer du travail. Partout on le repoussait, on le trouvait trop vieux. Il n'avait que cinquante-cinq ans; mais on lui en donnait soixante-dix, dans le décharnement de ses dix années de souffrance. Il rôdait comme un loup, il allait voir les chantiers des monuments brûlés par la Commune, cherchait les besognes que l'on confie aux enfants et aux infirmes. Un tailleur de pierre qui travaillait à l'Hôtel-de-Ville promettait de lui faire avoir la garde de leurs outils; mais cette promesse tardait à se réaliser, et il crevait de faim.

Un jour que, sur le pont Notre-Dame, il regardait couler l'eau avec le vertige des pauvres que le suicide attire, il s'arracha violemment du parapet et, dans ce mouvement, faillit renverser un passant, un grand gaillard en blouse blanche, qui se mit à l'injurier.

— Sacrée brute!

Mais Damour était demeuré béant, les yeux fixés sur l'homme.

— Berru! cria-t-il enfin.

C'était Berru en effet, Berru qui n'avait changé qu'à son avantage, la mine fleurie, l'air plus jeune. Depuis son retour, Damour avait souvent songé à lui; mais où trouver le camarade qui déménageait de garni tous les quinze jours? Cependant, le peintre écarquillait les yeux, et quand l'autre se fut nommé, la voix tremblante, il refusa de le croire.

— Pas possible! quelle blague!

Pourtant, il finit par le reconnaître, avec des exclamations qui commençaient à ameuter le trottoir.

— Mais tu étais mort !.... Tu sais, si je m'attendais à celle-là ! On ne se fiche pas du monde de la sorte... Voyons, voyons, est-ce bien vrai que tu es vivant ?

Damour parlait bas, le suppliant de se taire. Berru, qui trouvait ça très farce au fond, finit par le prendre sous le bras et l'emmena chez un marchand de vin de la rue Saint-Martin. Et il l'accablait de questions, il voulait savoir.

— Tout à l'heure, dit Damour, quand ils furent attablés dans un cabinet. Avant tout, et ma femme ?

Berru le regarda d'un air stupéfait.

— Comment, ta femme ?

— Oui, où est-elle ? Sais-tu son adresse ?

La stupéfaction du peintre augmentait. Il dit lentement :

— Sans doute, je sais son adresse... Mais toi, tu ne sais donc pas l'histoire ?

— Quoi ? quelle histoire ?

Alors, Berru éclata.

— Ah ! celle-là est plus forte, par exemple ! Comment ! tu ne sais rien ?.... Mais ta femme est remariée, mon vieux !

Damour, qui tenait son verre, le reposa sur la table, pris d'un tel tremblement, que le vin coulait entre ses doigts. Il les essuyait à sa blouse, et répétait d'une voix sourde :

— Qu'est-ce que tu dis ? remariée, remariée... Tu es sûr ?

— Parbleu ! tu étais mort, elle s'est remariée ; ça n'a rien d'étonnant... Seulement, c'est drôle, parce que voilà que tu ressuscites.

Et, pendant que le pauvre homme restait pâle, les lèvres balbutiantes, le peintre lui donna des détails. Félicie, maintenant, était très heureuse. Elle avait épousé un boucher de la rue des Moines, aux Batignolles, un veuf dont elle conduisait joliment les affaires. Sagnard, le boucher s'appelait Sagnard, était un gros homme de soixante ans, mais parfaitement conservé. A l'angle de la rue Nollet, la boutique, une des mieux achalandées du quartier, avait des grilles peintes en rouge, avec des têtes de bœuf dorées, aux deux coins de l'enseigne.

— Alors, qu'est-ce que tu vas faire ? répétait Berru, après chaque détail.

Le malheureux, que la description de la boutique étourdissait, répondait d'un geste vague de la main. Il fallait voir.

— Et Louise ? demanda-t-il tout d'un coup.

— La petite ? ah ! je ne sais pas... Ils l'auront

mise quelque part pour s'en débarrasser, car je ne l'ai pas vue avec eux... C'est vrai, ça, ils pourraient toujours te rendre l'enfant, puisqu'ils n'en font rien. Seulement, qu'est-ce que tu deviendrais, avec une gaillarde de vingt ans, toi qui n'as pas l'air d'être à la noce ? Hein ? sans te blesser, on peut bien dire qu'on te donnerait deux sous dans la rue.

Damour avait baissé la tête, étranglé, ne trouvant plus un mot. Berru commanda un second litre et voulut le consoler.

— Voyons, que diable ! puisque tu es en vie, rigole un peu. Tout n'est pas perdu, ça s'arrangera... Que vas-tu faire ?

Et les deux hommes s'enfoncèrent dans une discussion interminable, où les mêmes arguments revenaient sans cesse. Ce que le peintre ne disait pas, c'était que, tout de suite après le départ du déporté, il avait tâché de se mettre avec Félicie, dont les fortes épaules le séduisaient. Aussi gardait-il contre elle une sourde rancune de ce qu'elle lui avait préféré le boucher Sagnard, à cause de sa fortune sans doute. Quand il eut fait venir un troisième litre, il cria :

— Moi, à ta place, j'irais chez eux, et je m'installerais, et je flanquerais le Sagnard à la porte, s'il m'embêtait... Tu es le maître, après tout. La loi est pour toi.

Peu à peu, Damour se grisait, le vin faisait monter des flammes à ses joues blêmes. Il répétait qu'il faudrait voir. Mais Berru le poussait toujours, lui tapait sur les épaules, en lui demandant s'il était un homme. Bien sûr qu'il était un homme ; et il l'avait tant aimée, cette femme ! Il l'aimait encore à mettre le feu à Paris, pour la ravoir. Eh bien ! alors, qu'est-ce qu'il attendait ? Puisqu'elle était à lui, il n'avait qu'à la reprendre. Les deux hommes, très gris, se parlaient violemment dans le nez.

— J'y vais ! dit tout d'un coup Damour en se mettant péniblement debout.

— A la bonne heure ! c'était trop lâche ! cria Berru. J'y vais avec toi.

Et ils partirent pour les Batignolles.

III

Au coin de la rue des Moines et de la rue Nollet, la boutique, avec ses grilles rouges et ses têtes de bœuf dorées, avait un air riche. Des quartiers de bêtes pendaient sur des nappes blanches, tandis que des files de gigots, dans des cornets de papier à bordure de dentelle, comme des bouquets, faisaient des guirlandes. Il y avait des entassements de chair, sur les tables de marbre, des morceaux coupés et parés, le veau rose, le mouton pourpre, le bœuf écarlate, dans les marbrures de la graisse. Des bassins de cuivre, le fléau d'une balance, les crochets d'un râtelier, luisaient. Et c'était une abondance, un épanouissement de santé dans la boutique claire, pavée de marbre, ouverte au grand jour, une bonne odeur de viande fraîche qui semblaient mettre du sang aux joues de tous les gens de la maison.

Au fond, en plein dans le coup de clarté de la rue, Félicie occupait un haut comptoir, où des glaces la protégeaient des courants d'air. Là-dedans, dans les gais reflets, dans la lueur rose de la boutique, elle était très fraîche, de cette fraîcheur pleine et mûre des femmes qui ont dépassé la quarantaine. Propre, lisse de peau, avec ses bandeaux noirs et son col blanc, elle avait la gravité souriante et affairée d'une bonne commerçante, qui, une plume à la main, l'autre main dans la monnaie du comptoir, représente l'honnêteté et la prospérité d'une maison. Des garçons coupaient, pesaient, criaient des chiffres ; des clientes défilaient devant la caisse ; et elle recevait leur argent, en échangeant d'une voix aimable les nouvelles du quartier. Justement, une petite femme, au visage maladif, payait deux côtelettes, qu'elle regardait d'un œil dolent.

— Quinze sous, n'est-ce pas? dit Félicie. Ça ne va donc pas mieux, madame Vernier?

— Non, ça ne va pas mieux, toujours l'estomac. Je rejette tout ce que je prends. Enfin, le médecin dit qu'il me faut de la viande ; mais c'est si cher !... Vous savez que le charbonnier est mort.

— Pas possible !

— Lui, ce n'était pas l'estomac, c'était le ventre... Deux côtelettes, quinze sous ! La volaille est moins chère.

— Dame ! ce n'est pas notre faute, madame Vernier. Nous ne savons plus comment nous en tirer nous-mêmes... Qu'y a-t-il, Charles ?

Tout en causant et en rendant la monnaie, elle avait l'œil à la boutique, et elle venait d'apercevoir un garçon qui causait avec deux hommes sur le trottoir. Comme le garçon ne l'entendait pas, elle éleva la voix davantage.

— Charles, que demande-t-on ?

Mais elle n'attendit pas la réponse. Elle avait reconnu l'un des deux hommes qui entraient, celui qui marchait le premier.

— Ah ! c'est vous, monsieur Berru.

Et elle ne paraissait guère contente, les lèvres pincées dans une légère moue de mépris. Les deux hommes, de la rue Saint-Martin aux Batignolles, avaient fait plusieurs stations chez des marchands de vin, car la course était longue, et ils avaient la bouche sèche, causant très haut, discutant toujours. Aussi paraissaient-ils fortement allumés. Damour avait reçu un coup au cœur, sur le trottoir d'en face, lorsque Berru, d'un geste brusque, lui avait montré Félicie, si belle et si jeune, dans les glaces du comptoir, en disant : « Tiens ! la v'là ! » Ce n'était pas possible, ça devait être Louise qui ressemblait ainsi à sa mère ; car, pour sûr, Félicie était plus vieille. Et toute cette boutique riche, les viandes qui saignaient, les cuivres qui luisaient, puis cette femme bien mise, l'air bourgeois, la main dans un tas d'argent, lui enlevaient sa colère et son audace, en lui causant une véritable peur. Il avait une envie de se sauver à toutes jambes, pris de honte, pâlissant à l'idée d'entrer là dedans. Jamais cette dame ne consentirait maintenant à le reprendre, lui qui avait une si fichue mine, avec sa grande barbe et sa blouse sale. Il tournait les talons, il allait enfiler la rue des Moines, pour qu'on ne l'aperçût même pas, lorsque Berru le retint.

— Tonnerre de Dieu ! tu n'as donc pas de sang dans les veines !.. Ah bien ! à ta place, c'est moi qui ferais danser la bourgeoise ! Et je ne m'en irais pas sans partager ; oui, la moitié des gigots et du reste… Veux-tu bien marcher, poule mouillée !

Et il avait forcé Damour à traverser la rue. Puis, après avoir demandé à un garçon si monsieur Sagnard était là, et ayant appris que le boucher se trouvait à l'abattoir, il était entré le premier, pour brusquer les choses. Damour le suivait, étranglé, l'air imbécile.

— Qu'y a-t-il pour votre service, monsieur Berru? reprit Félicie de sa voix peu engageante.

— Ce n'est pas moi, répondit le peintre, c'est le camarade qui a quelque chose à vous dire.

Il s'était effacé, et maintenant Damour se trouvait face à face avec Félicie. Elle le regardait; lui, affreusement gêné, souffrant une torture, baissait les yeux. D'abord, elle eut sa moue de dégoût, son calme et heureux visage exprima une répulsion pour ce vieil ivrogne, ce misérable, qui sentait la pauvreté. Mais elle le regardait toujours; et, brusquement, sans qu'elle eût échangé un mot avec lui, elle devint blanche, étouffant un cri, lâchant la monnaie qu'elle tenait, et dont on entendit le tintement clair dans le tiroir.

— Quoi donc? vous êtes malade? demanda madame Vernier, qui était restée curieusement.

Félicie eut un geste de la main, pour écarter tout le monde. Elle ne pouvait parler. D'un mouvement pénible, elle s'était mise debout et marchait vers la salle à manger, au fond de la boutique. Sans qu'elle leur eût dit de la suivre, les deux hommes disparurent derrière elle, Berru ricanant, Damour les yeux toujours fixés sur les dalles couvertes de sciure, comme s'il avait craint de tomber.

— Eh bien ! c'est drôle tout de même ! murmura madame Vernier, quand elle fut seule avec les garçons.

Ceux-ci s'étaient arrêtés de couper et de peser, échangeant des regards surpris. Mais ils ne voulurent pas se compromettre, et ils se remirent à la besogne, l'air indifférent, sans répondre à la cliente, qui s'en alla avec ses deux côtelettes sur la main, en les étudiant d'un regard maussade.

Dans la salle à manger, Félicie parut ne pas se trouver encore assez seule. Elle poussa une seconde porte et fit entrer les deux hommes dans sa chambre à coucher. C'était une chambre très soignée, close, silencieuse, avec des rideaux blancs au lit et à la fenêtre, une pendule dorée, des meubles d'acajou dont le vernis luisait, sans un grain de poussière. Félicie se laissa tomber dans un fauteuil de reps bleu, et elle répétait ces mots :

— C'est vous... c'est vous...

Damour ne trouva pas une phrase. Il examinait la chambre, et il n'osait s'asseoir, parce que les chaises lui semblaient trop belles. Aussi fut-ce encore Berru qui commença.

— Oui, il y a quinze jours qu'il vous cherche... Alors, il m'a rencontré, et je l'ai amené.

Puis, comme s'il eût éprouvé le besoin de s'excuser auprès d'elle :

— Vous comprenez, je n'ai pu faire autrement. C'est un ancien camarade, et ça m'a retourné le cœur, quand je l'ai vu à ce point dans la crotte.

Pourtant, Félicie se remettait un peu. Elle était la plus raisonnable, la mieux portante aussi. Quand elle n'étrangla plus, elle voulut sortir d'une situation intolérable et entama la terrible explication.

— Voyons, Jacques, que viens-tu demander ?

Il ne répondit pas.

— C'est vrai, continua-t-elle, je me suis remariée. Mais il n'y a pas de ma faute, tu le sais. Je te croyais mort, et tu n'as rien fait pour me tirer d'erreur.

Damour parla enfin.

— Si, je t'ai écrit.

— Je te jure que je n'ai pas reçu tes lettres. Tu me connais, tu sais que je n'ai jamais menti... Et, tiens ! j'ai l'acte ici, dans un tiroir.

Elle ouvrit un secrétaire, en tira fiévreusement un papier et le donna à Damour, qui se mit à le lire d'un air hébété. C'était son acte de décès. Elle ajoutait :

— Alors, je me suis vue toute seule, j'ai cédé à l'offre d'un homme qui voulait me sortir de ma misère et de mes tourments... Voilà toute ma faute. Je me suis laissé tenter par l'idée d'être heureuse. Ce n'est pas un crime, n'est-ce pas ?

Il l'écoutait, la tête basse, plus humble et plus gêné qu'elle-même. Pourtant, il leva les yeux.

— Et ma fille ? demanda-t-il.

Félicie s'était remise à trembler. Elle balbutia :

— Ta fille ?... Je ne sais pas, je ne l'ai plus.

— Comment ?

— Oui, je l'avais placée chez ma tante... Elle s'est sauvée, elle a mal tourné.

Damour, un instant, resta muet, l'air très calme, comme s'il n'avait pas compris. Puis, brusquement, lui si embarrassé, donna un coup de poing sur la commode, d'une telle violence, qu'une boîte en coquillages dansa au milieu du marbre. Mais il n'eut pas le temps de parler, car deux enfants, un petit garçon de six ans et une fillette de quatre, venaient d'ouvrir la porte et de se jeter au cou de Félicie, avec toute une explosion de joie.

— Bonjour, petite mère, nous sommes allés au jardin, là-bas, au bout de la rue... Françoise a dit comme ça qu'il fallait rentrer... Oh! si tu savais, il y a du sable, et il y a des poulets dans l'eau...

— C'est bien, laissez-moi, dit la mère rudement.

Et, appelant la bonne :

— Françoise, remmenez-les... C'est stupide, de rentrer à cette heure-ci.

Les enfants se retirèrent, le cœur gros, tandis que la bonne, blessée du ton de madame, se fâchait, en les poussant tous deux devant elle. Félicie avait eu la peur folle que Jacques ne volât les petits; il pouvait les jeter sur son dos et se sauver. Berru, qu'on n'invitait point à s'asseoir, s'était allongé tranquillement dans le second fauteuil, après avoir murmuré à l'oreille de son ami :

— Les petits Sagnard... Hein? ça pousse vite, la graine de mioches !

Quand la porte fut refermée, Damour donna un autre coup de poing sur la commode, en criant :

— Ce n'est pas tout ça, il me faut ma fille, et je viens pour te reprendre.

Félicie était toute glacée.

— Assieds-toi et causons, dit-elle. Ça n'avancera à rien, de faire du bruit... Alors, tu viens me chercher?

— Oui, tu vas me suivre et tout de suite... Je suis ton mari, le seul bon. Oh! je connais mon droit... N'est-ce pas, Berru, que c'est mon droit?... Allons, mets un bonnet, sois gentille, si tu ne veux pas que tout le monde connaisse nos affaires.

Elle le regardait, et malgré elle son visage bouleversé disait qu'elle ne l'aimait plus, qu'il l'effrayait et la dégoûtait, avec sa vieillesse affreuse de misérable. Quoi! elle si blanche, si dodue, accoutumée maintenant à toutes les douceurs bourgeoises, recommencerait sa vie rude et pauvre d'autrefois, en compagnie de cet homme qui lui semblait un spectre!

— Tu refuses, reprit Damour qui lisait sur son visage. Oh! je comprends, tu es habituée à faire la dame dans un comptoir; et moi, je n'ai pas de belle boutique, ni de tiroir plein de monnaie, où tu puisses tripoter à ton aise... Puis, il y a les petits de tout à l'heure, que tu m'as l'air de mieux garder que Louise. Quand on a perdu la fille, on se fiche bien du père!.... Mais tout ça m'est égal. Je veux que tu viennes, et tu viendras, ou bien je vais aller chez le commissaire de police, pour qu'il te ramène chez moi avec les gendarmes... C'est mon droit, n'est-ce pas, Berru?

Le peintre appuya de la tête. Cette scène l'amusait beaucoup. Pourtant, quand il vit Damour furieux, grisé de ses propres phrases, et Félicie à bout de force, près de sangloter et de défaillir, il crut devoir jouer un beau rôle. Il intervint, en disant d'un ton sentencieux :

— Oui, oui, c'est ton droit ; mais il faut voir, il faut réfléchir... Moi, je me suis toujours conduit proprement... Avant de rien décider, il serait convenable de causer avec monsieur Sagnard, et puisqu'il n'est pas là...

Il s'interrompit, puis continua, la voix changée, tremblante d'une fausse émotion :

— Seulement, le camarade est pressé. C'est dur d'attendre, dans sa position... Ah ! madame, si vous saviez combien il a souffert ! Et, maintenant, pas un radis, il crève de faim, on le repousse de partout... Lorsque je l'ai rencontré tout à l'heure, il n'avait pas mangé depuis hier.

Félicie, passant de la crainte à un brusque attendrissement, ne put retenir les larmes qui l'étouffaient. C'était une tristesse immense, le regret et le dégoût de la vie. Un cri lui échappa :

— Pardonne-moi, Jacques !

Et, quand elle put parler :

— Ce qui est fait est fait. Mais je ne veux pas que tu sois malheureux... Laisse-moi venir à ton aide.

Damour eut un geste violent.

— Bien sûr, dit vivement Berru, la maison est assez pleine ici, pour que ta femme ne te laisse pas le ventre vide... Mettons que tu refuses l'argent, tu peux toujours accepter un cadeau. Quand vous ne lui donneriez qu'un pot au feu, il se ferait un peu de bouillon, n'est-ce pas, madame ?

— Oh ! tout ce qu'il voudra, monsieur Berru.

Mais il se remit à taper sur la commode, criant :

— Merci, je ne mange pas de ce pain-là.

Et, venant regarder sa femme dans les yeux :

— C'est toi seule que je veux, et je t'aurai... Garde ta viande !

Félicie avait reculé, reprise de répugnance et d'effroi. Damour alors devint terrible, parla de tout casser, s'emporta en accusations abominables. Il voulait l'adresse de sa fille, il secouait sa femme dans le fauteuil, en lui criant qu'elle avait vendu la petite ; et elle, sans se défendre, dans la stupeur de tout ce qui lui arrivait, répétait d'une voix lente qu'elle ne savait pas l'adresse, mais que pour sûr on l'aurait à la préfecture de police. Enfin, Damour, qui s'était installé sur une chaise, dont il jurait que le diable ne le ferait pas bouger, se leva brusquement ; et, après un dernier coup de poing, plus violent que les autres :

— Eh bien ! tonnerre de Dieu ! je m'en vais... Oui, je m'en vais, parce que ça me fait plaisir... Mais tu ne perdras pas pour attendre, je reviendrai quand ton homme sera là, et je vous arrangerai, lui, toi, les mioches, toute ta sacrée baraque... Attends-moi, tu verras !

Il sortit en la menaçant du poing. Au fond, il était soulagé d'en finir ainsi. Berru, resté en arrière, dit d'un ton conciliant, enchanté d'être dans ces histoires :

— N'ayez pas peur, je ne le quitte pas... Il faut éviter un malheur.

Même il s'enhardit jusqu'à lui saisir la main et à la baiser. Elle le laissa faire, elle était rompue ; si son mari l'avait prise par le bras, elle serait partie avec lui. Pourtant, elle écouta les pas des deux hommes qui traversaient la boutique. Un garçon, à grands coups de couperet, taillait un carré de mouton. Des voix criaient des chiffres. Alors, son instinct de bonne commerçante la ramena dans son comptoir, au milieu des glaces claires, très pâle, mais très calme, comme si rien ne s'était passé.

— Combien à recevoir? demanda-t-elle.

— Sept francs cinquante, madame.

Et elle rendit la monnaie.

IV

Le lendemain, Damour eut une chance : le tailleur de pierre le fit entrer comme gardien au chantier de l'Hôtel de Ville. Et il veilla ainsi sur le monument qu'il avait aidé à brûler, dix années plus tôt. C'était, en somme, un travail doux, une de ces besognes d'abrutissement qui engourdissent. La nuit, il rôdait au pied des échafaudages, écoutant les bruits, s'endormant parfois sur des sacs à plâtre. Il ne parlait plus de retourner aux Batignolles. Un jour pourtant, Berru étant venu lui payer à déjeuner, il avait crié au troisième litre que le grand coup était pour le lendemain. Le lendemain, il n'avait pas bougé du chantier. Et, dès lors, ce fut réglé, il ne s'emportait et ne réclamait ses droits que dans l'ivresse. Quand il était à jeun, il restait sombre, préoccupé et comme honteux. Le peintre avait fini par le plaisanter, en répétant qu'il n'était pas un homme. Mais lui, demeurait grave. Il murmurait :

— Faut les tuer alors !... J'attends que ça me dise.

Un soir, il partit, alla jusqu'à la place Moncey ; puis, après être resté une heure sur un banc, il redescendit à son chantier. Dans la journée, il croyait avoir vu passer sa fille devant l'Hôtel de Ville, étalée sur les coussins d'un landau superbe. Berru lui offrait de faire des recherches, certain de trouver l'adresse de Louise, au bout de vingt-quatre heures. Mais il refusait. A quoi bon savoir ? Cependant, cette pensée que sa fille pouvait être la belle personne, si bien mise, qu'il avait entrevue, au trot de deux grands chevaux blancs, lui retournait le cœur. Sa tristesse en augmenta. Il acheta un couteau et le montra à son camarade, en disant que c'était pour saigner le boucher. La phrase lui plaisait, il la répétait continuellement, avec un rire de plaisanterie.

— Je saignerai le boucher... Chacun son tour, pas vrai ?

Berru, alors, le tenait des heures entières chez un marchand de vin de la rue du Temple, pour le convaincre qu'on ne devait saigner personne.

C'était bête, parce que d'abord on vous raccourcissait. Et il lui prenait les mains, il exigeait de lui le serment de ne pas se coller sur le dos une vilaine affaire. Damour répétait avec un ricanement obstiné :

— Non, non, chacun son tour... Je saignerai le boucher.

Les jours passaient, il ne le saignait pas.

Un événement se produisit, qui parut devoir hâter la catastrophe. On le renvoya du chantier, comme incapable : pendant une nuit d'orage, il s'était endormi et avait laissé voler une pelle. Dès lors, il recommença à crever la faim, se traînant par les rues, trop fier encore pour mendier, regardant avec des yeux luisants les boutiques des rôtisseurs. Mais la misère, au lieu de l'exciter, l'hébétait. Il pliait le dos, l'air enfoncé dans des réflexions tristes. On aurait dit qu'il n'osait plus se présenter aux Batignolles, maintenant qu'il n'avait pas à se mettre une blouse propre.

Aux Batignolles, Félicie vivait dans de continuelles alarmes. Le soir de la visite de Damour, elle n'avait pas voulu raconter l'histoire à Sagnard ; puis, le lendemain, tourmentée de son silence de la veille, elle s'était senti un remords et n'avait plus trouvé la force de parler. Aussi tremblait-elle toujours, croyant voir entrer son premier mari à chaque heure, s'imaginant des scènes atroces. Le pis était qu'on devait se douter de quelque chose dans la boutique, car les garçons ricanaient, et quand madame Vernier, régulièrement, venait chercher ses deux côtelettes, elle avait une façon inquiétante de ramasser sa monnaie. Enfin, un soir, Félicie se jeta au cou de Sagnard, et lui avoua tout, en sanglotant. Elle répéta ce qu'elle avait dit à Damour : ce n'était pas sa faute, car lorsque les gens sont morts, ils ne devraient pas revenir. Sagnard, encore très vert pour ses soixante ans, et qui était un brave homme, la consola. Mon Dieu ! ça n'avait rien de drôle, mais ça finirait par s'arranger. Est-ce que tout ne s'arrangeait pas? Lui, en gaillard qui avait de l'argent et qui était carrément planté dans la vie, éprouvait surtout de la curiosité. On le verrait, ce revenant, on lui parlerait. L'histoire l'intéressait, et cela au point que, huit jours plus tard, l'autre ne paraissant pas, il dit à sa femme :

— Eh bien! quoi donc? il nous lâche?... Si tu savais son adresse, j'irais le trouver, moi.

Puis, comme elle le suppliait de se tenir tranquille, il ajouta :

— Mais, ma bonne, c'est pour te rassurer... Je vois bien que tu te mines. Il faut en finir.

Félicie maigrissait en effet, sous la menace du drame dont l'attente augmentait son angoisse. Un jour enfin, le boucher s'emportait contre un garçon qui avait oublié de changer l'eau d'une tête de veau, lorsqu'elle arriva, blême, balbutiant :

— Le voilà !

— Ah ! très bien ! dit Sagnard en se calmant tout de suite. Fais-le entrer dans la salle à manger.

Et, sans se presser, se tournant vers le garçon :

— Lavez-la à grande eau, elle empoisonne.

Il passa dans la salle à manger, où il trouva Damour et Berru. C'était un hasard, s'ils venaient ensemble. Berru avait rencontré Damour rue de Clichy; il ne le voyait plus autant, ennuyé de sa misère. Mais, quand il avait su que le camarade se rendait rue des Moines, il s'était emporté en reproches, car cette affaire était aussi la sienne. Aussi avait-il recommencé à le sermonner, criant qu'il l'empêcherait bien d'aller là-bas faire des bêtises ; et il barrait le trottoir, il voulait le forcer à lui remettre son couteau. Damour haussait les épaules, l'air entêté, ayant son idée qu'il ne disait point. A toutes les observations, il répondait :

— Viens, si tu veux, mais ne m'embête pas.

Dans la salle à manger, Sagnard laissa les deux hommes debout. Félicie s'était sauvée dans sa chambre, en emportant les enfants; et, derrière la porte fermée à double tour, elle restait assise, éperdue, elle serrait de ses bras les petits contre elle, comme pour les défendre et les garder. Cependant, l'oreille tendue et bourdonnante d'anxiété, elle n'entendait encore rien; car les deux maris, dans la pièce voisine, éprouvaient un embarras et se regardaient en silence.

— Alors, c'est vous? finit par demander Sagnard, pour dire quelques chose.

— Oui, c'est moi, répondit Damour.

Il trouvait Sagnard très bien et se sentait diminué. Le boucher ne paraissait guère plus de cinquante ans; c'était un bel homme, à figure fraîche, les cheveux coupés ras, et sans barbe. En manches de chemise, enveloppé d'un grand tablier blanc, d'un éclat de neige, il avait un air de gaieté et de jeunesse.

— C'est que, reprit Damour hésitant, ce n'est

pas à vous que je veux parler, c'est à Félicie.

Alors, Sagnard retrouva tout son aplomb.

— Voyons, mon camarade, expliquons-nous. Que diable! nous n'avons rien à nous reprocher ni l'un ni l'autre. Pourquoi se dévorer, lorsqu'il n'y a de la faute de personne?

Damour, la tête baissée, regardait obstinément un des pieds de la table. Il murmura d'une voix sourde :

— Je ne vous en veux pas, laissez-moi tranquille, allez-vous-en... C'est à Félicie que je désire parler.

— Pour ça, non, vous ne lui parlerez pas, dit tranquillement le boucher. Je n'ai pas envie que vous me la rendiez malade, comme l'autre fois. Nous pouvons causer sans elle... D'ailleurs, si vous êtes raisonnable, tout ira bien. Puisque vous dites l'aimer encore, voyez la position, réfléchissez, et agissez pour son bonheur à elle.

— Taisez-vous! interrompit l'autre, pris d'une rage brusque. Ne vous occupez de rien ou ça va mal tourner !

Berru, s'imaginant qu'il allait tirer son couteau de sa poche, se jeta entre les deux hommes, en faisant du zèle. Mais Damour le repoussa.

— Fiche-moi la paix, toi aussi !... De quoi as-tu peur ? Tu es idiot !

— Du calme ! répétait Sagnard. Quand on est en colère, on ne sait plus ce qu'on fait... Écoutez, si j'appelle Félicie, promettez-moi d'être sage, parce qu'elle est très sensible, vous le savez comme moi. Nous ne voulons la tuer ni l'un ni l'autre, n'est-ce pas ?... Vous conduirez-vous bien ?

— Eh ! si j'étais venu pour mal me conduire, j'aurais commencé par vous étrangler, avec toutes vos phrases !

Il dit cela d'un ton si profond et si douloureux, que le boucher en parut très frappé.

— Alors, déclara-t-il, je vais appeler Félicie... Oh ! moi, je suis très juste, je comprends que vous vouliez discuter la chose avec elle. C'est votre droit.

Il marcha vers la porte de la chambre, et frappa.

— Félicie ! Félicie !

Puis, comme rien ne bougeait, comme Félicie, glacée à l'idée de cette entrevue, restait clouée sur sa chaise, en serrant plus fort ses enfants contre sa poitrine, il finit par s'impatienter.

— Félicie, viens-donc... C'est bête, ce que tu fais là. Il promet d'être raisonnable.

Enfin, la clef tourna dans la serrure, elle parut et referma soigneusement la porte, pour laisser ses enfants à l'abri. Il y eut un nouveau silence, plein d'embarras. C'était le coup de chien, ainsi que le disait Berru.

Damour parla en phrases lentes qui se brouillaient, tandis que Sagnard, debout devant la fenêtre, soulevant du doigt un des petits rideaux blancs, affectait de regarder dehors, afin de bien montrer qu'il était large en affaires.

— Écoute, Félicie, tu sais que je n'ai jamais été méchant. Ça, tu peux le dire... Eh bien! ce n'est pas aujourd'hui que je commencerai à l'être. D'abord, j'ai voulu vous tous massacrer ici. Puis, je me suis demandé à quoi ça m'avancerait... J'aime mieux te laisser maîtresse de choisir. Nous ferons ce que tu voudras. Oui, puisque les tribunaux ne peuvent rien pour nous avec leur justice, c'est toi qui décideras ce qui te plaît le mieux. Réponds... Avec lequel veux-tu aller, Félicie?

Mais elle ne put répondre. L'émotion l'étranglait.

— C'est bien, reprit Damour de la même voix sourde, je comprends, c'est avec lui que tu vas... En venant ici, je savais comment ça tournerait...

Et je ne t'en veux point, je te donne raison, après tout. Moi, je suis fini, je n'ai rien, enfin tu ne m'aimes plus; tandis que lui, il te rend heureuse, sans compter qu'il y a encore les deux petits...

Félicie pleurait, bouleversée.

— Tu as tort de pleurer, ce ne sont pas des reproches. Les choses ont tourné comme ça, voilà tout... Et, alors, j'ai eu l'idée de te voir encore une fois, pour te dire que tu pouvais dormir tranquille. Maintenant que tu as choisi, je ne te tourmenterai plus... C'est fait, tu n'entendras jamais parler de moi.

Il se dirigeait vers la porte, mais Sagnard, très remué, l'arrêta en criant :

— Ah! vous êtes un brave homme, vous, par exemple !... Ce n'est pas possible qu'on se quitte comme ça. Vous allez dîner avec nous.

— Non, merci, répondit Damour.

Berru, surpris, trouvant que ça finissait drôlement, parut tout à fait scandalisé, quand le camarade refusa l'invitation.

— Au moins, nous boirons un coup, reprit le boucher. Vous voulez bien accepter un verre de vin chez nous, que diable ?

Damour n'accepta pas tout de suite. Il promena un lent regard autour de la salle à manger, propre et gaie avec ses meubles de chêne blanc ; puis, les yeux arrêtés sur Félicie qui le suppliait de son visage baigné de larmes, il dit :

— Oui, tout de même.

Alors, Sagnard fut enchanté. Il criait :

— Vite, Félicie, des verres! Nous n'avons pas besoin de la bonne... Quatre verres. Il faut que tu trinques, toi aussi... Ah! mon camarade, vous êtes bien gentil d'accepter, vous ne savez pas le plaisir que vous me faites, car moi j'aime les bons cœurs; et vous êtes un bon cœur, vous, j'en réponds!

Cependant, Félicie, les mains nerveuses, cherchait des verres et un litre dans le buffet. Elle avait la tête perdue, elle ne trouvait plus rien. Il fallut que Sagnard l'aidât. Puis, quand les verres furent pleins, la société autour de la table trinqua.

— A la vôtre !

Damour, en face de Félicie, dut allonger le bras pour toucher son verre. Tous deux se regardaient, muets, le passé dans les yeux. Elle tremblait tellement, qu'on entendit le cristal tinter, avec le petit claquement de dents des grosses fièvres. Ils ne se tutoyaient plus, ils étaient comme morts, ne vivant désormais que dans le souvenir.

— A la vôtre !

Et, pendant qu'ils buvaient tous les quatre, les voix des enfants vinrent de la pièce voisine, au milieu du grand silence. Ils s'étaient mis à jouer, ils se poursuivaient, avec des cris et des rires. Puis, ils tapèrent à la porte, ils appelèrent : Maman ! maman !

— Voilà ! adieu tout le monde ! dit Damour, en reposant le verre sur la table.

Il s'en alla. Félicie, toute droite, toute pâle, le regarda partir, pendant que Sagnard accompagnait poliment ces messieurs jusqu'à la porte.

V

Dans la rue, Damour se mit à marcher si vite, que Berru avait de la peine à le suivre. Le peintre enrageait. Au boulevard des Batignolles, quand il vit son compagnon, les jambes cassées, se laisser tomber sur un banc et rester là, les joues blanches, les yeux fixes, il lâcha tout ce qu'il avait sur le cœur. Lui, aurait au moins giflé le bourgeois et la bourgeoise. Ça le révoltait, de voir un mari céder ainsi sa femme à un autre, sans faire seulement des réserves. Il fallait être joliment godiche; oui, godiche, pour ne pas dire un autre mot! Et il citait un exemple, un autre communard qui avait trouvé sa femme collée avec un particulier; eh bien! les deux hommes et la femme vivaient ensemble, très d'accord. On s'arrange, on ne se laisse pas dindonner, car enfin c'était lui le dindon, dans tout cela!

— Tu ne comprends pas, répondait Damour. Va-t-en aussi, puisque tu n'es pas mon ami.

— Moi, pas ton ami! quand je me suis mis en quatre!... Raisonne donc un peu. Que vas-tu devenir? Tu n'as personne, te voilà sur le pavé ainsi qu'un chien, et tu crèveras, si je ne te tire d'affaire... Pas ton ami! mais si je t'abandonne là, tu n'as plus qu'à mettre la tête sous ta patte, comme les poules qui ont assez de l'existence.

Damour eut un geste désespéré. C'était vrai, il ne lui restait qu'à se jeter à l'eau ou à se faire ramasser par les agents.

— Eh bien! continua le peintre, je suis tellement ton ami, que je vais te conduire chez quelqu'un où tu auras la niche et la pâtée.

Et il se leva, comme pris d'une résolution subite. Puis, il emmena de force son compagnon, qui balbutiait :

— Où donc? où donc?

— Tu le verras... Puisque tu n'as pas voulu dîner chez ta femme, tu dîneras ailleurs... Mets-toi bien dans la caboche que je ne te laisserai pas faire deux bêtises en un jour.

Il marchait vivement, descendant la rue d'Amsterdam. Rue de Berlin, il s'arrêta devant un petit hôtel, sonna et demanda au valet de pied qui vint ouvrir, si madame de Souvigny était chez elle. Et, comme le valet hésitait, il ajouta :

— Allez lui dire que c'est Berru.

Damour le suivait machinalement. Cette visite inattendue, cet hôtel luxueux achevaient de lui troubler la tête. Il monta. Puis, tout à coup, il se trouva dans les bras d'une petite femme blonde, très jolie, à peine vêtue d'un peignoir de dentelle. Et elle criait :

— Papa, c'est papa !... Ah ! que vous êtes gentil de l'avoir décidé !

Elle était bonne fille, elle ne s'inquiétait point de la blouse noire du vieil homme, enchantée, battant des mains, dans une crise soudaine de tendresse filiale. Son père, saisi, ne la reconnaissait même pas.

— Mais c'est Louise ! dit Berru.

Alors, il balbutia :

— Ah ! oui... Vous êtes trop aimable...

Il n'osait la tutoyer. Louise le fit asseoir sur un canapé, puis elle sonna pour défendre sa porte. Lui, pendant ce temps, regardait la pièce tendue de cachemire, meublée avec une richesse délicate qui l'attendrissait. Et Berru triomphait, lui tapait sur l'épaule, en répétant :

— Hein ? diras-tu encore que je ne suis pas un

ami?... Je savais bien, moi, que tu aurais besoin de ta fille. Alors, je me suis procuré son adresse et je suis venu lui conter ton histoire. Tout de suite, elle m'a dit : Amenez-le !

— Mais sans doute, ce pauvre père ! murmura Louise d'une voix câline. Oh ! tu sais, je l'ai en horreur, ta république ! Tous des sales gens, les communards, et qui ruineraient le monde, si on les laissait faire !... Mais toi, tu es mon cher papa. Je me souviens comme tu étais bon, quand j'étais malade, toute petite. Tu verras, nous nous entendrons très bien, pourvu que nous ne parlions jamais politique... D'abord, nous allons dîner tous les trois. Ah ! que c'est gentil !

Elle s'était assise presque sur les genoux de l'ouvrier, riant de ses yeux clairs, ses fins cheveux pâles envolés autour des oreilles. Lui, sans force, se sentait envahi par un bien-être délicieux. Il aurait voulu refuser, parce que cela ne lui paraissait pas honnête, de s'attabler dans cette maison. Mais il ne retrouvait plus son énergie de tout à l'heure, lorsqu'il était parti de chez la bouchère, sans même retourner la tête, après avoir trinqué une dernière fois. Sa fille était trop douce, et ses petites mains blanches, posées sur les siennes, l'attachaient.

— Voyons, tu acceptes? répétait Louise.

— Oui, dit-il enfin, pendant que deux larmes coulaient sur ses joues creusées par la misère.

Berru le trouva très raisonnable. Comme on passait dans la salle à manger, un valet vint prévenir madame que monsieur était là.

— Je ne puis le recevoir, répondit-elle tranquillement. Dites-lui que je suis avec mon père... Demain à six heures, s'il veut.

Le dîner fut charmant. Berru l'égaya par toutes sortes de mots drôles, dont Louise riait aux larmes. Elle se retrouvait rue des Envierges, et c'était un régal. Damour mangeait beaucoup, alourdi de fatigue et de nourriture ; mais il avait un sourire d'une tendresse exquise, chaque fois que le regard de sa fille rencontrait le sien. Au dessert, ils burent un vin sucré et mousseux comme du champagne, qui les grisa tous les trois. Alors, quand les domestiques ne furent plus là, les coudes posés sur la table, ils parlèrent du passé, avec la mélancolie de leur ivresse. Berru avait roulé une cigarette, que Louise fumait, les yeux demi-clos, le visage noyé. Elle s'embrouillait dans ses souvenirs, en venait à parler de ses amants, du premier, un grand jeune homme qui avait très bien fait les choses. Puis, elle laissa échapper sur sa mère des jugements pleins de sévérité.

— Tu comprends, dit-elle à son père, je ne peux plus la voir, elle se conduit trop mal... Si tu veux, j'irai lui dire ce que je pense de la façon malpropre dont elle t'a lâché.

Mais Damour, gravement, déclara qu'elle n'existait plus. Tout à coup, Louise se leva, en criant :

— A propos, je vais te montrer quelque chose qui te fera plaisir.

Elle disparut, revint aussitôt, sa cigarette toujours aux lèvres, et elle remit à son père une vieille photographie jaunie, cassée aux angles. Ce fut une secousse pour l'ouvrier, qui, fixant ses yeux troubles sur le portrait, bégaya :

— Eugène, mon pauvre Eugène.

Il passa la carte à Berru, et celui-ci, pris d'émotion, murmura de son côté :

— C'est bien ressemblant.

Puis, ce fut le tour de Louise. Elle garda la photographie un instant; mais des larmes l'étouffèrent, elle la rendit en disant :

— Oh! je me le rappelle... Il était si gentil!

Tous les trois, cédant à leur attendrissement, pleurèrent ensemble. Deux fois encore, le portrait fit le tour de la table, au milieu des réflexions les plus touchantes. L'air l'avait beaucoup pâli :

le pauvre Eugène, vêtu de son uniforme de garde-national, semblait une ombre d'émeutier, perdu dans la légende. Mais, ayant retourné la carte, le père lut ce qu'il avait écrit là, autrefois : « Je te vengerai » ; et, agitant un couteau à dessert au-dessus de sa tête, il refit son serment :

— Oui, oui, je te vengerai !

— Quand j'ai vu que maman tournait mal, raconta Louise, je n'ai pas voulu lui laisser le portrait de mon pauvre frère. Un soir, je le lui ai chipé... C'est pour toi, papa. Je te le donne.

Damour avait posé la photographie contre son verre, et il la regardait toujours. Cependant, on finit par causer raison. Louise, le cœur sur la main, voulait tirer son père d'embarras. Un instant, elle parla de le prendre avec elle ; mais ce n'était guère possible. Enfin, elle eut une idée : elle lui demanda s'il consentirait à garder une propriété, qu'un monsieur venait de lui acheter, près de Mantes. Il y avait là un pavillon, où il vivrait très bien, avec deux cents francs par mois.

— Comment donc ! mais c'est le paradis ! cria Berru qui acceptait pour son camarade. S'il s'ennuie, j'irai le voir.

La semaine suivante, Damour était installé au Bel-Air, la propriété de sa fille, et c'est là qu'il vit maintenant, dans un repos que la Providence lui devait bien, après tous les malheurs dont elle l'a accablé. Il engraisse, il refleurit, bourgeoisement vêtu, ayant la mine bonne enfant et honnête d'un ancien militaire. Les paysans le saluent très bas. Lui, chasse et pêche à la ligne. On le rencontre au soleil, dans les chemins, regardant pousser les blés, avec la conscience tranquille d'un homme qui n'a volé personne et qui mange des rentes rudement gagnées. Lorsque sa fille vient avec des messieurs, il sait garder son rang. Ses grandes joies sont les jours où elle s'échappe et où ils déjeunent ensemble, dans le petit pavillon. Alors, il lui parle avec des bégaiements de nourrice, il regarde ses toilettes d'un air d'adoration; et ce sont des déjeuners délicats, toutes sortes de bonnes choses qu'il fait cuire lui-même, sans compter le dessert, des gâteaux et des bonbons, que Louise apporte dans ses poches.

Damour n'a jamais cherché à revoir sa femme. Il n'a plus que sa fille, qui a eu pitié de son vieux père, et qui fait son orgueil et sa joie. Du reste, il s'est également refusé à tenter la moindre démarche pour rétablir son état civil. A quoi bon déranger les écritures du gouvernement? Cela augmente la tranquillité autour de lui. Il est dans son trou, perdu, oublié, n'étant personne, ne rougissant pas des cadeaux de son enfant; tandis que, si on le ressuscitait, peut-être bien que des envieux parleraient mal de sa situation, et que lui-même finirait par en souffrir.

Parfois, pourtant, on mène grand tapage dans le pavillon. C'est Berru qui vient passer des quatre et cinq jours à la campagne. Il a enfin trouvé, chez Damour, le coin qu'il rêvait pour se goberger. Il chasse, il pêche avec son ami; il vit des journées sur le dos, au bord de la rivière. Puis, le soir, les deux camarades causent politique. Berru apporte de Paris les journaux anarchistes; et, après les avoir lus, tous deux s'entendent sur les mesures radicales qu'il y aurait à prendre : fusiller le gouvernement, pendre les bourgeois, brûler Paris pour rebâtir une autre ville, la vraie ville du peuple. Ils en sont toujours au bonheur universel, obtenu par une extermination générale. Enfin, au moment de monter se coucher, Damour, qui a fait encadrer la photographie d'Eugène, s'approche, la regarde, brandit sa pipe en criant :

— Oui, oui, je te vengerai!

Et, le lendemain, le dos rond, la face reposée, il retourne à la pêche, tandis que Berru, allongé sur la berge, dort le nez dans l'herbe.

TABLE DES MATIÈRES

NAIS MICOULIN	1
NANTAS	63
LA MORT D'OLIVIER BÉCAILLE	127
MADAME NEIGEON	183
LES COQUILLAGES DE M. CHABRE	245
JACQUES DAMOUR	313

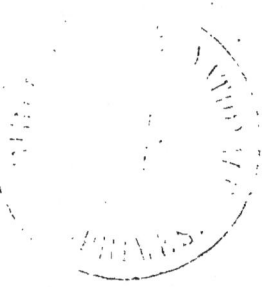

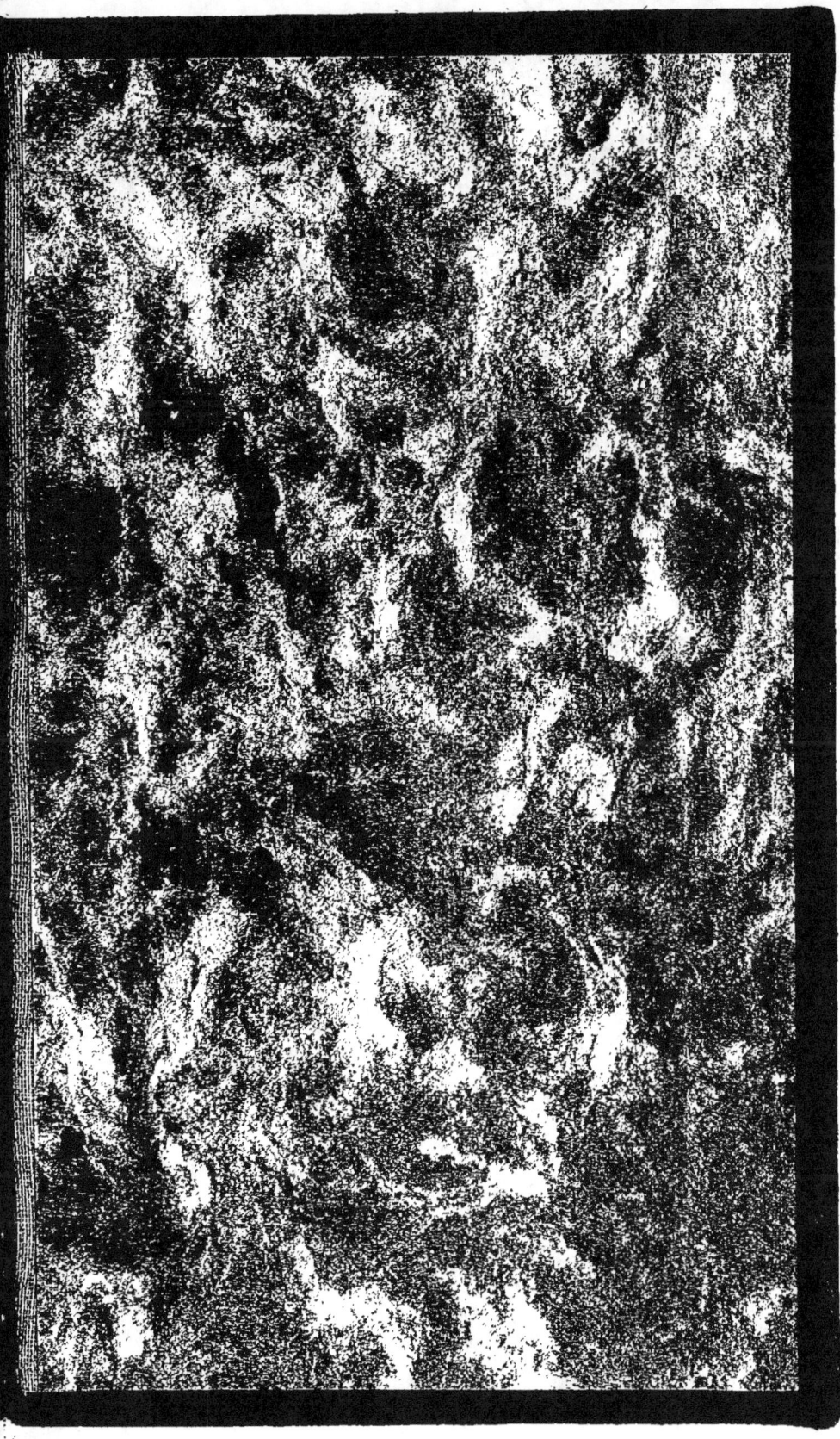

www.ingramcontent.com/pod-product-compliance
Lightning Source LLC
Chambersburg PA
CBHW052138230426
43671CB00009B/1301